메트로폴리스 파리
메트로폴리스 서울

두 도시 여섯 공간의 퍼즐

메트로폴리스 파리
메트로폴리스 서울

1판 1쇄 발행 | 2016년 12월 15일
1판 2쇄 발행 | 2017년 8월 30일

지은이 최민아

펴낸이 송영만
디자인 자문 최웅림

펴낸곳 효형출판
출판등록 1994년 9월 16일 제406-2003-031호
주소 10881 경기도 파주시 회동길 125-11(파주출판도시)
전자우편 info@hyohyung.co.kr
홈페이지 www.hyohyung.co.kr
전화 031 955 7600 | **팩스** 031 955 7610

© 최민아, 2016
ISBN 978-89-5872-148-2 03300

값 15,000원

이 도서의 국립중앙도서관 출판예정도서목록(CIP)은 서지정보유통지원시스템 홈페이지
(http://seoji.nl.go.kr)와 국가자료공동목록시스템(http://www.nl.go.kr/kolisnet)에서
이용하실 수 있습니다.(CIP제어번호: CIP2016028487)

두 도시 여섯 공간의 퍼즐

최민아 지음

메트로폴리스
파리
메트로폴리스
서울

PARIS
SEOUL

효형출판

희한하게도 두 도시는 닮았다. 처음 파리에 도착했을 땐 모든 것이 너무나 색달랐다. 우중충하고 지린내 나는 파리 지하철마저 다르다는 이유만으로 낭만적으로 느껴졌고, 낯선 도시 공간과 건축물을 마주할 때면 마치 레스토랑에서 수많은 포크와 나이프를 처음 사용할 때처럼 서툴렀다. 매일 들르는 쇼핑센터나 공원은 물론 가로, 지하철, 버스처럼 도시를 구성하는 모든 것이 생소해 익숙해지기까지 꽤 많은 시간이 걸렸다.

그런데 몇 년이 지나자 어느 순간부터 파리와 서울이 유사하게 느껴지기 시작했다. 그동안 우리나라의 도시가 서유럽의 도시만큼 매력적으로 발달했기 때문일 수도 있고, 도시를 바라보는 나의 시선이 공간의 내부를 향할 수 있을 만큼 성숙했기 때문일 수도 있다. 이제 나는 파리를 걸으면서 서울의 모습을 발견하고, 서울에 머물며 파리에서 일어나는 공간의 변화를 느낀다.

십여 년 전 프랑스에서 도시를 공부하면서 우리나라 도시와 유럽 도시의 공통점이 눈에 들어오기 시작했다. 박사학위 논문을 쓰기 위해 파리와 서울의 도시 형태를 분석하는데 파리의 독특한 도시 조직 형태가 신기하게도 서울에서도 드러났다. 19세기 파리 오스만 시대의 상징인 방사형 가로망이, 유럽 도시의 특징인 작은 규모의 세장형(細長型) 필지가 촘촘히 연접한 모양이 눈에 띄었다. 이러한 형태는 우리 도시가 유럽 도시와 유사한 발달 과정을 겪는 시기에 등장한 것으로 우리 도시의 깊은 역사성 속에서 발현된 다채로운 도시 변화의 흔적이었다.

그래서 두 도시의 닮은 모습의 원인과 변화 과정에 대한 책을 써서 내가 경험한 발견의 즐거움을 나누고 싶었다. 물론 이 책에서는 논문에서 사용했던 딱딱한 분석 도구를 가져오지는 않았다. 굳이 전문적인 분석 방식을 사용하지 않아도 두 도시가 갖고 있는 유사점은 얼마든지 전달할 수 있기 때문이다. 우리가 일상에서 접하는 공간의 이름, 형태, 구성 요소들을 살펴보면 근대 이전까지 아무런 교차점도 없던 두 도시가 비슷한 성격의 공간으로 도시를 구성해가고 있음을 알 수 있다.

이제 국경과 대륙에 상관없이 세계 어느 곳에서나 같은 문화와 패션을 공유하는 것처럼 카페, 쇼핑센터, 시네마는 세계 어느 도시에나 존재하며 도시는 서로 닮아가고 있다. 이러한 특징은 현대 도시와 특히 메트로폴리스로 불리는 세계적인 대도시의 정체성이 되었다. 하지만 같은 재료를 사용했다고 같은 맛의 빵이 만들어지는 것은 아니다. 여기에 도시의 매력을 알아가는 묘미가 있다.

동일한 공간들로 구성된 현대 도시는 얼마나 비슷할까? 그와 같은 공간이 도시에 등장하게 된 이유도 같은 것일까? 만일 그럼에도 각 도시마다 독자적인 모습과 공간의 차별화된 특성을 발견할 수 있다면 무엇 때문일까? 이 책은 이러한 궁금증에 대한 해답을 파리와 서울의 여섯 공간을 통해 찾아가고 있다. 이 책에서 두 화자가 향하는 집, 카페, 서점, 공원, 백화점, 영화관은 현대로 넘어오면서 탄생했거나 기능이 매우 중요해진 공간들로 메트로폴리스에서 생활하는 도시인의 일상을 대표한다.

한편 이 책은 아주 단순하게 '왜 도시는 이렇게도 매력적인가'를 설명하는 글이기도 하다. 우리가 일상에서 만나는 도시 공간을 다시 조명하고 이곳들의 형성 과정과 의미를 보여주면서, 우리가 매일 지나치는 도시 공간이 얼마나 복합적인 성격과 매력을 발산하고 있는지 보여주려 했다. 그리고 책을 덮으면서는 독자들이 우리 도시가 앞으로 어떤 모습으로 나아가야 할지를 짧게나마 고민해보고, 우리 도시를 더욱 좋은 공간으로 만들어가고 싶다고 생각해주길 바랐다.

이 책에는 실제와 허구가 섞여 있다. 가상의 두 화자가 거치는 공간 대부분은 내가 파리와 서울에서 실제로 생활했던 곳들이다. 일 년간 파리에 초청연구원으로 머물면서 살았던 집, 매일같이 들렀던 서점, 광장, 공원, 카페를 배경으로 당시의 느낌과 풍경을 가볍게 묘사했다.

서울의 화자가 머무는 공간 역시 서울에서 태어나 강북 토박이로 30년 넘게 생활한 내가 자주 들르는 장소들이다. 책에 등장하는 인물들의 이름 역시 실명이다. 도시가 물리적인 공간과 가상의 이미지가 뒤섞여 형성된 것처럼 이 책도 사실과 허구가 적절히 버무려진 하이브리드적 성격을 지닌다. 책을 읽으면서 독자들은 두 화자의 에피소드 중 어디까지가 실제이고 어디부터가 허구인지 추측해보는 잔재미도 찾을 수 있을 것이다.

파리에서부터 책의 탄생 과정을 함께 지켜본 두 딸, 이 책의 모델 지우(Claudine)와 나의 유쾌함의 근원 수민이 그리고 남편 성근에게 고마움을 전한다. 책이 나올 땐 지우의 생일쯤일 것 같다. 머잖아 넓은 세상으로 날개를 펴고 날아갈 딸이 세계의 수많은 도시들을 만나보고 그 매력에 흠뻑 빠져보길 바란다. 또한 이 글을 통해 두 도시를 함께 여행한 독자 분들도 일상의 도시 공간에서 행복한 경험들과 연결되기를 바란다.

2016년 늦가을
최민아

차례

02 카페 9:40

03 서점 11:10

04 공원 13:30

05 백화점 16:00

06 영화관 20:10

maison
집
7:00

café
카페
9:40

librairie
서점
11:10

지우와 클로딘은 메트로폴리스에 살고 있는 스물여섯 살의 발랄하고
열정적인 일러스트레이터다. 지우는 동아시아의 현대적이고 활기찬
도시 서울에서, 클로딘은 서유럽의 고풍스러운 도시 파리에서 일하고
쇼핑하고 먹고 친구를 만나고 잠을 잔다. 그러던 어느 날, 이 둘은 도
플갱어인지 아니면 우연의 일치인지 똑같은 일정으로 같은 성격의 장
소에 머무르며 각자 자신의 도시를 누빈다.

지우와 클로딘이 하루를 보내는 일상의 공간은 우리에게 도시의 숨
은 이야기들을 전해준다. 시대의 흐름을 따라 두 도시에는 유사한 성격
의 공간이 등장하지만 어느 순간 다른 모습으로 변화하며 도시에 개성
과 매력을 부여한다. 서울과 파리에서 같은 이름으로 불리는 공간들의
다른 모습들, 그리고 다른 모습으로 발전했지만 결국 사람들의 비슷한

parc	*grand magasin*	*cinéma*
공원	백화점	영화관
13:30	16:00	20:10

모습을 담고 있는 도시 공간은 오늘날 메트로폴리스의 정체성이다.

  지우와 클로딘을 따라 양 갈래 길을 동시에 걸어가며 우리가 살고 있는 도시를 다시 생각해보자. 메트로폴리스 서울과 메트로폴리스 파리는 어떻게 같고 어떻게 다른지, 두 도시가 지금과 같은 공간 특성을 지니게 된 이유는 무엇인지, 그 결과 우리 도시는 어디로 가고 있는지.

01

maison

집

07:00

클로딘

샹폴리옹가
5번지

5 rue Champollion

파리의 초봄은 춥다. 고풍스럽고 낭만적인 19세기 건물에 한번 살아보고 싶어 어렵게 이 집을 구했지만 오래된 건물이라 역시 춥다. 옛날 그대로인 집 구조, 중정에 면한 거실 창과 테라스에 반해서 이사를 결정했지만, 겨울이면 중앙난방이 되는 현대식 건물로 갔어야 했나 하는 생각도 가끔 든다.

누가 집에 방이 몇 개냐고 물어보면 순간 머뭇거리게 된다. 침실은 하나지만 거실과 침실 사이에는 서재로 쓰고 있는, 옛날엔 전실로 쓰였을 좁고 긴 공간이 있다. 또한 거실 한쪽엔 현관과 욕실 윗부분을 활용한 메자닌(mezzanine, 건물 층 사이의 중간층)이 있다. 이렇게 되면 방이 세 개인가, 하나인가?

아침부터 방 개수를 왜 따져보냐고? 이곳에서 방 개수는 매우 중요하다. 집을 빌릴 땐 반드시 집 보험을 들어야 하는데 방 개수에 따라 보험료가 달라지기 때문이다.

이 집의 가장 매력적인 공간은 높이가 4미터쯤 되는 거실이다. 집주인 아저씨 말로는 400여 년 된 집이라는데 내 느낌엔 19세기 건물인 듯하다. 자기 집이 엄청 좋은 듯 과장하는 성향은 아마 전 세계 집주인의 공통점 아닐까?

어쨌든 천장까지 난 긴 거실 창 덕분에 여름과 봄엔 탁 트여 시원하지만 가을과 겨울엔 상당히 춥다. 창은 낡아 여기저기서 바람이 새

01

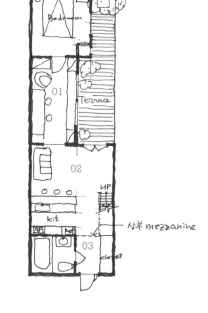

02

03

01 침실과 거실을 연결하는 좁고 긴 공간은
서재로 쓰기에 유용하다.
오른쪽 옆으로 긴 창이 있어 중정과 테라스가 보인다.

02 메자닌에서 내려다본 거실.
긴 창을 통해 테라스로 나갈 수 있다.
왼쪽에 서재로 연결되는 통로가 보인다.

03 현관 윗부분을 활용하여 메자닌으로 쓰고 있다.
층고가 높아 중층으로 활용이 가능하다.
하지만 메자닌에서 일어설 땐 머리 조심!

고, 단열은 기대 자체가 난센스다. 벽에 붙은 전기 라디에이터로 난방을 하지만 마음껏 온도를 높이는 건 상상도 못 한다. 만족스런 난방과 적당한 전기료 사이에서 타협점을 찾지 못하는 모습은 언제나 이상과 현실 사이에서 방황하는 내 모습과 비슷하다.

이런저런 생각을 하다 보니 벌써 7시 30분. 더 늦기 전에 빨리 씻어야겠다. 욕실 바닥은 물이 빠지지 않기 때문에 씻을 때마다 물이 거실 바닥으로 흘러나오지 않게 조심한다. 이 집 거실 바닥은 19세기 나무 바닥 그대로를 복원한 것이라며 집주인이 특별히 조심해서 사용해달라 부탁했기에 더욱 주의한다. 물론 집 보험을 들어놓긴 했지만, 주방의 세탁기가 고장 나서 거실 바닥까지 물이 흥건해졌을 땐 정말이지 식은땀이 다 났다.

수도가 건물로 들어온 것은 19세기 후반부터고 파리 시내의 집은 그전에 지어졌기 때문에 그런가? 거실 한편에 붙어 있는 주방엔 세탁기를 설치하고 배수구를 만들면서, 정작 욕실 바닥엔 왜 배수구를 설치하지 않았나 모르겠다. 하긴 몇 세기 전까지만 해도 몸을 씻다 피부가 붉어지면 병이 옮았다고 생각해 일부러 목욕을 피하고 몸에 포마드를 바르기도 했다 하니, 19세기에 만들어진 집에 오늘날과 같은 욕실이나 배수구를 바란 것 자체가 무리일 수도 있겠다.

하여간 파리의 집수리 비용은 진짜 어마어마하게 비싼 데다 시간도 정말 오래 걸린다. 견적을 받는 데만 최소 2주에 복잡한 보험 서류 처리까지. 아무리 보험이 있다 해도 역시 조심하는 게 최고다.

창밖의 중정 너머 보이는 다른 집들이 하나둘 밝아진다. 주말이면 대부분 늦게 일어나는데 다른 집들에 불이 켜졌다면 8시가 다 되어간단 얘기다. 내가 사는 집은 길이 아닌 중정에 면하고 있다. 다른 파리 시내의 집과 같이 내가 사는 집도 길고 좁은데 이런 형태 때문에 집의 안까지 빛이 들어오지 못한다. 중정은 이를 해결하기 위해 만들어졌다 한다.*

이곳 중정의 특이한 점은 서로 면한 네 개 필지의 집들이 함께 중정을 둘러싸도록 건물을 배치하여, 넓은 외부 공간을 네 집이 동시에 확보했다는 것이다. 길고 좁은 땅에 집을 배치하면서 빛이 들어오게 한건 좋지만 아무래도 옆집과 붙어 있다 보니 신경 쓰이기도 한다. 그래서인지 옆집 창들을 자세히 보면 창에 반투명 필름을 붙이고, 큰 창 전체를 열고 환기하기가 부담스러운지 큰 창 안에 다시 작은 창을 만들어놓기도 했다.

중정을 보면 19세기 유럽을 휩쓴 결핵이 생각난다. 당시 파리에서 가난한 사람들뿐 아니라 상류층까지 결핵의 위협을 받게 되자 도시에

---

* 우리나라에서 중정은 흔히 건물 중앙에 위치한 정원을 일컫지만, 19세기 중반 이후 채광과 환기를 위해 프랑스 건물 내부에 도입된 중정은 식재용 정원으로 활용되지 않고 좁은게 특징이다.

서 위생이 제일 중요한 문제로 대두되었다고 한다. 전염병을 막기 위해 집에 공기와 빛이 통하도록 고안된 중정은 19세기 후반 파리의 독특한 집 형태를 만들었다. 19세기 초까지만 해도 파리의 길은 양쪽 건물에서 내던진 오물과 하수로 가득했고 진흙으로 덮였다는데, 오늘날 파리를 보면서 누가 그런 모습을 상상할 수 있을까?

8시 30분. 지난 주말 나프나프에서 산 파란 가죽 재킷을 현관 옆 옷장에서 꺼내며 한 번 더 주위를 둘러본다. 나는 집을 나서기 전 반드시 두 가지를 확인한다. 라디에이터와 열쇠. 사실 난방이야 잊고 나가도 큰일은 안 생기지만, 열쇠를 놓고 나가면 그대로 끝이다. 무려 100유로나 주고 수리공을 불러야 한다. 이 집의 문은 닫아버리면 밖에선 도저히 열 수가 없다. 이런 멍텅구리 문을 왜 아직도 쓰는지 모르겠지만, 어쨌거나 문을 닫을 때마다 불안하다. 벌써 두 번이나 열쇠를 안 챙기고 문을 닫아 수리공을 불러야 했다. 그날의 아픔이 오죽 컸으면 현관문에 '열쇠'라고 써 붙였을까.

한 번 더 주머니 속 열쇠를 확인하고 육중한 문을 닫는다. 그리고 붉은 카펫이 깔린 나무 계단을 빙빙 돌아 내려간다. 나는 나무 냄새 나는 이 오래된 계단을 좋아한다. 멋진 카펫은 아니지만 계단 안쪽마다 카펫을 눌러주는 황금색 봉까지 있어 호텔에 온 기분이 든다. 아르누보 양식의 주물로 된 계단 난간도 고전적이다. 밤엔 고사리 모양의

01

02

01 서재에서 바라본 중정.
마주한 네 개 필지가 모여 채광과 환기가
가능한 공동의 중정을 만든다.

02 19세기에 제작된 주물로 된 계단 난간.
붉은색 카펫도 낭만적인 느낌을 더해준다.

03

04

03 자동차가 등장하기 이전부터 형성된,
역사가 깊은 도시에서는 주차가 가장 해결하기
어려운 문제 중 하나이다. 수백 년 전 지어진
석조 건물에는 대부분 주차 공간이 마련되어
있지 않기 때문이다.

04 파리 15구 공동주택 단지의 주차장 판매 광고.
이 단지에선 주차 구획 한 면이 3만 5000유로다.
주차 공간을 사면 본인이 사용하거나 임대료를 받고
빌려줄 수 있다.

예쁜 그림자가 생겨 예스런 분위기가 난다. 계단실에 달린 등은 150년 전쯤 거리를 밝히던 가스등을 떠올리게 한다.

건물의 현관을 나서자마자 도시와 바로 마주한다. 집 가까이 붙은 좁은 도로에 차가 쌩쌩 달리기 때문에 조심해야 한다. 집 앞엔 작은 극장이 여럿 모여 있고 바(bar)도 있다. 이 동네의 아기자기한 분위기가 좋아 이사 왔지만, 여기 살기 위해 월급의 절반이나 되는 비싼 월세를 낸다.

파리에 집을 구하고 나선 자동차를 포기했다. 워낙 집세가 비싸서 차 유지비를 대기도 힘들지만 무엇보다 주차가 불가능하기 때문이다. 옛날 건물에 주차장이 있을 리 없으니 공용 주차장을 이용해야 하는데, 돈도 많이 들거니와 길가의 거주자용 주차장엔 빈자리 찾기가 쉽지 않다. 오죽하면 파리에선 주차장 한 자리가 3만 5000유로(1유로 =1,300원, 약 4550만 원)에 판매될까?

좁고 불편하지만 19세기에 지은 집에서 살다 보면 삐걱거리는 마룻바닥도 낡고 칠이 벗겨진 벽도 정겹게 느껴진다. 오래된 도시에서 살려면 내가 편한 방식이 아닌 그 도시의 질서에 생활을 맞춰야 한다는 생각이 든다. 도시라는 공간에서 편리함과 품위는 서로 반대 방향에 자리 잡고 있는지도 모르겠다.

지우

서울 자양동
25층 아파트

좀 더웠나? 이불을 다 차버리고 잤네. 계절에 상관없이 언제나 반팔에 반바지를 입고 지낼 수 있다는 건 참 즐거운 일이다. 내가 사는 곳은 아파트다. 직사각형 평면에 거실을 중심으로 방이 세 개 있는, 대한민국 국민이라면 누구나 머릿속에 평면을 그릴 수 있는 일반적인 30평대 아파트. 아파트란 나름 잘 지어진 집이란 생각이 든다. 그리 넓지 않은 면적의 네모난 공간에 방 세 개와 거실을 만들고 욕실을 두 개나 배치했다. 앞뒤로 발코니까지 있어 다양한 용도로 쓸 수 있는데, 이곳은 서비스 면적이라 분양 면적에선 빠진다. 요즘 분양하는 아파트에선 아예 처음부터 발코니를 확장해주기도 한다니 건설사는 소비자의 욕구를 알아서 척척 해결해준다.

발코니로 나가는 거실 벽은 전면 유리로 되어 있다. 이건 우리나라 아파트의 가장 큰 특징이 아닐까. 사실 전면 유리는 가구 배치나 프라이버시 보호에 불리한데 왜들 전면 유리를 고집하는지 모르겠다. 하지만 숨 막히게 빽빽한 서울에서 이처럼 탁 트인 전망을 누릴 수 있는 건 아파트에 사는 덕분이다. 가끔 남의 집에서 우리 집이 보이지 않을까 신경 쓰이기도 하지만 반대로 공원에서 움직이는 사람을 내려다볼 땐 재밌기도 하다.

맞은편 아파트 동에도 꽤 많은 집에 불이 켜졌다. 가끔 새벽에 하나둘씩 불이 켜지는 모습을 보면 마음이 따뜻해진다. 고르게 촘촘히 박힌 사이좋은 옥수수 알갱이들 같다. 늦은 밤이나 새벽에 불 켜진 창을 보면 나 말고도 늦은 시간에 일하는 이가 있구나 싶어 친근감도 느껴진다. 아파트 단지는 종종 물리적인 유대감을 넘어 정서적인 유대감도 주는 것 같다.

7시 45분. 샤워를 하고 나와 머리를 말리며 날씨를 보려고 텔레비전을 켰다. 오늘의 날씨는? 아, 아무래도 소리가 너무 크다. 식구들이 깨겠는걸. 주말이라 아직 다들 자고 있는 걸 깜박했네.

아파트 생활에는 대체로 만족하지만 모든 방들이 거실을 중심으로 배치되어 있어 새벽이나 밤에는 조심해야 한다. 좁은 면적을 효율적으로 쓰다 보니 어쩔 수 없는 것 같지만 그래도 현재 아파트 구조는 가족 구성원의 프라이버시를 거의 보호하지 못한다. 지금처럼 이른 아침이나 늦은 밤 거실에서 텔레비전을 보거나 왔다 갔다 할 때 다른 식구들이 깰까 봐 조심스럽다. 하물며 위아래 집은 말할 것도 없다.

아파트를 보면 26개 식빵 사이에 25개 햄을 차례로 껴놓은 거대한 샌드위치가 떠오른다. 켜켜이 납작한 슬래브가 26개, 그 사이 공간이 25개. 내가 자는 침실 위에 다른 사람 침실이, 그 위엔 또 다른 사람의 침실이…. 다른 나라의 아파트는 고층이라 해도

한국의 아파트 거실 창은 하나같이 전면 유리로 되어 있다.

아래층과 위층의 평면이 다른 경우가 꽤 많은 것 같은데, 우리나라 아파트는 흔히 라인이라고 하는 수직적 공간 구분에 따라 구조가 동일하다. 사회에서 라인이 강조되다 보니 집에서도 라인이 중요한 걸까?

샌드위치 같은 형태는 벽식 구조에 의한 특징이라 들었다. 벽이 구조체 역할을 해 집의 하중을 지탱하다 보니 윗집과 아랫집의 벽이 같은 위치에 있어야 하고, 이 벽을 통해 건물의 하중이 지하의 기초로 전달된다는 얘기다. 물론 벽의 위치가 맞지 않을 경우는 하중을 다른 구조체가 받도록 하는 해결책이 있지만, 비용이 많이 들고 층고가 높아지는 문제가 있다.

건물의 하중을 지탱하는 내력벽의 위치가 맞지 않으면 보를 만들어 기둥으로 전달해줘야 하는데 이때 생긴 보로 인해 한 층의 높이가 높아지기 때문이다. 우리나라 아파트는 건축이나 도시계획 관련 제도가 정한 높이 내에 최대한 많은 호수를 지어 건설사가 수익을 내는 구조인데, 아파트가 25층일 경우 한 층이 10센티미터만 높아지면 건물 전체로는 2.5미터가 높아져 대략 아파트 한 층이 사라지게 된다. 이러한 이유로 층고를 높인다는 건 건설사 입장에서는 쉽지 않은 결정이다. 결국 우리는 샌드위치 같은 공간 속에서 살고 있다.

그렇지만 지금처럼 미분양 아파트가 늘어가는 분위기를 볼 땐 층고를 좀 높이고 다양한 평면을 개발할 시점이 아닌가 하는 생각도 든다. 가끔 덩치 큰 사촌 동생이 놀러 오면 2.3미터가 될까 말까 한 아파트

01

02

03

04

01 한국의 중소형 아파트는 일반적으로 복도가 없고 거실을 중심으로 모든 실이 연결되어 공간 구조가 매우 조밀하다.

02 한국의 아파트에선 방충망과 거실 난간을 지나 주로 앞 동의 뒷면이 보인다. 별로 아름다운 풍경은 아니다.

03 유사한 패턴이지만 위, 아래층이 다르게 디자인된 프랑스 클리시 바티뇰 (Clichy Batignol) 지구의 공동주택.

04 프랑스에선 창이나 발코니에 덧문을 달아 빛, 바람, 비를 차단하고 프라이버시도 보호하는데 덧문은 훌륭한 디자인 요소로 활용된다.

천장은 정말 갑갑하게 느껴진다.

이제 시간이 다 됐네. 더 있으면 늦겠다. 새로 산 캐스키드슨 백팩을 메고 현관을 나선다. 앗, 핸드폰! 도어록을 재빠르게 누른다. 띠리리. 학생 땐 열쇠를 잊고 나갔다 엄마가 돌아올 때까지 집 앞에서 한참 기다린 적이 한두 번이 아니었는데 정말 편해졌다. 후다닥 집에서 나와 엘리베이터 버튼을 누른다.

가끔 우리 집 층에 엘리베이터가 딱 맞춰 서 있으면 기분이 좋지만, 지각 위기인 날 1층에 서 있던 엘리베이터가 꼭대기 층을 찍고 내려올 땐 정말 고층 아파트에 사는 게 원망스럽다. 다행히 오늘은 운이 좋다. 엘리베이터에서 내려 자동으로 열리는 유리 출입문을 나선다. 집 현관을 나와 지금까지 접한 재료는 유리, 금속 등 모두 반짝반짝 빛을 발하는 것뿐이다. 언제나 새것 같고 위생적인 느낌을 주지만 겨울엔 보기만 해도 차갑다.

출입문을 나와 단지 내 공원과 도로를 지난다. 복잡한 밖과는 달리 아파트 단지는 꽤 조용하다. 무엇보다 주차 걱정이 없고 주민 운동 센터나 공원도 넓게 잘 조성되어 있어 밤늦은 시간에도 마음 편히 운동할 수 있다. 단지 내 상가엔 웬만한 가게와 병원 들이 있어 굳이 나가지 않아도 일상생활에 별로 지장이 없다. 이런 게 어디선가 들어본 세

아파트 공용 공간은 스테인리스, 철문,
매끈한 화강석 바닥으로 반짝거린다.

아파트는 단지 내 놀이터, 주차장, 운동 센터 같은
입주민 전용 편의 시설을 제공한다.

미 게이티드 커뮤니티(semi gated community)인 것 같다.˙

　우리나라의 중산층은 부채 없이 35평 아파트에 거주하는 사람이라
고 한다.[1] 평균적인 생활을 하기 위해선 표준화된 집에 살아야만 한다
는 건가 싶어 의아했던 기억이 나지만, 어쨌든 아파트가 현대적인 생
활을 누리게 해주고 주거의 질을 높여준 건 사실이라 생각한다. 흔히
들 얘기한다. 아파트는 비인간적이고 획일적이고 거대한 모습으로 도
시 경관을 망친다고. 하지만 아름다운 도시 경관을 위해 아파트를 포
기한다는 건 상상도 할 수 없는 일이다. 아파트를 능가하는 '편리한'
대안이 나오기 전까진 말이다.

• 게이티드 커뮤니티는 외부인 출입이 엄격히 통제되는 주택단지를 의미한다. 도시 내 안전
　문제가 대두되는 1990년대부터 서구에서 발달했지만 사회 전체의 커뮤니티 발달에 부정
　적 영향을 미친다는 비판을 받는다.

01

maison

집

가족의 탄생과
집의 변화

집의 의미

오늘날 집은 어떤 의미를 지닐까. 사랑하는 가족이 기다리는 포근한 보금자리? 찬란했던 부동산 불패 신화에 기반한 알토란 같은 자산의 근원? 아무리 벌어도 따라갈 수 없는 전셋값으로 나를 비참하게 하는 빈곤의 원흉? 또는 영화 속 대사 "나 이대 나온 여자야"를 "나 래미안 퍼스티지에 사는 여자야"로 바꿔 말하게 해준 사회적 계층 표현의 결정체?

각자의 상황과 생각에 따라 집에 대한 개념은 매우 다양하겠지만, 집은 보통 부부를 중심으로 하는 가족의 생활공간으로 받아들여진다. 가족과 연결된 주택의 개념은 사회제도와 밀접한 관련이 있다. 우리나라의 국민주택 규모는 약 85제곱미터(25평) 이하로 설정되어 있는데, 4인 가족을 기준으로 부부 침실 한 개와 아이들 방 두 개, 공동 공간인 거실, 주방, 욕실이 들어가는 아파트 평면을 구상하면서 1970년대에 만든 결과다. 당시 유행한 캠페인 슬로건인 "아들딸 구별 말고 둘만 낳아 잘 기르자"에서 알 수 있듯, 부부와 아이 두 명으로 구성되는 가정은 그 시절 대한민국의 가장 이상적인 가정의 모습이었다. 그리고 4인 가족을 염두에 두고 건설된 집은 오늘날 가장 보편적인 주택 형태와 규모로 자리 잡았다.

하지만 '주택=사랑하는 가족의 보금자리'라는 공식이 형성된 것은 비교적 최근의 일이다. 그렇다면 오늘날과 같은 주택의 개념은 어떻게 형성되었으며, 그 이전의 집은 지금과 어떻게 다를까?

19세기 이전의 주택

역사 속에서 주택이 부부와 아이들이 함께 생활하기 위한 공간으로 자리 잡은 것은 비교적 최근의 일이다. 서양에서는 19세기에 들어 부르주아 계급이 힘을 얻기 시작하면서 비로소 오늘날과 유사한 가족 형태가 정착했고, 우리나라에서는 20세기 후반에 들어서야 부부 중심 가정이 일반화되었다. 19세기 이전의 서양 주택을 현대 주택과 비교하면 크게 두 가지의 부재(不在)로 설명할 수 있다. 첫째는 프라이버시의 부재이고, 둘째는 가족생활의 부재이다.

중세의 주택에서는 사생활이 거의 불가능했다. 건축 구조가 발달하지 못해 건물 한 층에 겨우 창문 두 개만 낼 수 있을 정도로 폭이 좁았고, 각 층에 방이 하나밖에 없다 보니 침실, 주방, 거실 등 실별로 기능이 분화되기 어려웠다. 한 층에 하나뿐인 커다란 방에서는 일도 하고, 벽난로에 큰 냄비를 걸어 요리도 하고, 식탁에 다 함께 모여 식사도 했다. 특히 안쪽에는 큼직한 침대를 놓고 온 가족과 하인들이 같이 잠을 자기도 했다. 한 침대에서 여러 사람이 어울려 자는 모습을 떠올려보면 당시 주택이 지금과는 얼마나 다를지 짐작할 수 있다.[2]

17세기에 들어 귀족 저택이 발달하면서 주택은 크고 화려해졌다. 이 시기 저택에는 실별 분화가 일어나 접견을 위한 살롱과 식당, 침실이 구분되고 하인들의 공간도 분리되기 시작했다. 그러나 당시 귀족 주택의 침실은 사적 공간이 아니라 잠을 자고 휴식을 취하는 동시에 접견실로 활용되는 복합적인 공간이었다. 침실엔 대기 공간인 전실과 부속실인 드레스룸과 파우더룸이 생겼는데, 안주인은 침실의 침대에서 잔뜩 꾸민 모습으로 손님을 맞았다.

반면 남성은 건물 안쪽에서 거처하는 여성과 달리 주로 주택 전면의 공간에서 생활했다. 바깥주인은 주택의 가장 중요한 공간인 살롱에서 사람들을 만나고, 살롱 가까이 위치한 침실에서 지냈다. 살롱 옆에는 대개 식당이 있어 만찬 공간으로 쓰였다. 귀족 주택에선 안주인과 바깥주인의 공간이 분리되었고 계단을 따로 두어 개별 생활이 가능했다. 아마도 이 계단을 이용해 각자의 연인이 따로 드나들기도 했을 것이다.

당시와 오늘날 주택의 가장 큰 차이점은 아이라는 존재가 공간에 나타나지 않는 것이다. 오늘날 많은 가정에서는 아이들이 중심이지만, 당시 가정에서 아이들은 그리 중요하지 않았다. 귀족 중심 사회에서 아이들은 부모가 아닌 유모나 하인들이 키웠고 이는 우리나라에서도 마찬가지였다. 양반이 거주하던 전통 한옥의 구조를 보면 안채와 사랑채는 있어도 아이들의 거주 공간은 없다. 18세기까지만 해도 부모가

01

02

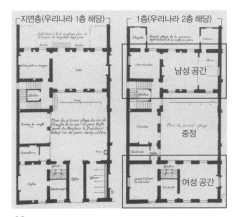

지면층(우리나라 1층 해당) 1층(우리나라 2층 해당)

남성 공간

중정

여성 공간

03

04

01 한쪽엔 벽난로가, 중앙엔 식탁이,
오른편 안쪽엔 커다란 침대가 자리 잡고 있어
하나의 방이 다용도로 쓰이던 중세 시대
주택의 특징을 알 수 있다.
Abraham Bosse, ⟨L'hyver⟩, 1637

02 중앙의 건물을 보면 중세 시대에 지어진
건물의 폭이 얼마나 좁은지 알 수 있다.

03 중정을 중심으로 남성 거주 공간과
여성 거주 공간이 분리된 17세기 주택의 도면.
Monique Eleb & Anne Debarre,
『Architectures de la vie privée XVIIe–XIXe siècles』, 1999

04 어머니가 아닌 유모가 아이들을 돌보는
그림에서 당시 가정의 모습을 엿볼 수 있다.
Pierre Duval Le Camus, ⟨La nourrice 유모⟩, 1833

아이를 키우고 돌보는 친밀하고 사적인 가정생활은 동서양에 존재하지 않아, 주택은 가족의 사적인 공간이라는 개념과 거리가 멀었다.[3]

가정의 탄생과 주택의 변화

주택이 실제로 부부 중심의 가정과 그 가족을 품는 사적인 공간이 된 것은 19세기 이후의 일이다. 귀족 사회에서 결혼은 가문을 이어주는 수단이었지만, 19세기 부르주아의 영향력이 커지면서 사랑하는 남녀가 만나 새로운 가정을 이루는 개념으로 변화됐다. 이처럼 애정에 기반한 결혼이 이뤄지면서 부부를 중심으로 하는 가정이 나타났다. 당시 풍속화를 보면 자애로운 어머니와 사랑스런 자녀들이 함께 있는 실내 풍경이 자주 등장하는데, 이 시점부터 오늘날과 같은 가족의 개념이 확립됐으며 주택은 사랑으로 맺어진 가족이 함께 생활하는 공간으로 변화됐다.

　새로운 가족 형태가 출현하자 주택 공간에도 변화가 생겼다. 여성과 남성이 구분되어 생활하던 공간 구조는 주인 부부와 자녀가 함께 거주하는 공간과 하인들의 서비스 공간으로 바뀐다. 집 안쪽에 있던 안주인 침실은 사라지고 대신 하인들의 서비스 공간인 주방과 부속실이 위치하게 됐다. 살롱, 식당, 침실 등은 주택 정면에 일렬로 배치해 전망과 햇빛을 독점하지만, 하인들이 생활하는 공간은 건물 뒤쪽에 자리 잡은 데다 비좁았고 별도의 계단을 사용해야 했다.

　하지만 계급사회에 기반한 주택의 이분적 공간 구조도 오랜 시간 지속되지 못하고, 주택은 다시 가족만이 생활하는 오늘날과 같은 모습에 가까워진다. 19세기 말 유럽 사회에 일어난 가장 큰 사회적 변동은 하인 계층의 소멸이다. 요리와 청소를 담당하던 하인이 사라지자 가정에서는 아내가 가사를 담당하게 되었고, 이로 인해 주택의 모습은 다시 크게 달라진다.

과거에는 주방을 주택 깊숙한 곳에 배치해 식사를 준비하는 하인이 주인 가족과 만나지 않도록 구분하는 동시에 하인들의 동선을 짧게 했다. 그러나 주부가 직접 식사를 준비하게 되자 주방은 식당 및 거실과 가까워졌고, 20세기에 들어서는 주택 전면에 배치되기도 하면서 거실만큼 중요한 공간이 되었다. 이러한 과정을 거쳐 주택은 오늘날과 같은 한 가족의 생활공간으로 자리 잡았다.

이후에도 주택은 지속적으로 변화했다. 모든 가치를 가격으로 환산하는 시장 논리를 철저히 반영하기도 하고 포디즘 이후 계량화, 효율화가 중시되자 '살기 위한 기계'의 개념을 담기도 하며 주택은 지금도 변화하고 있다.

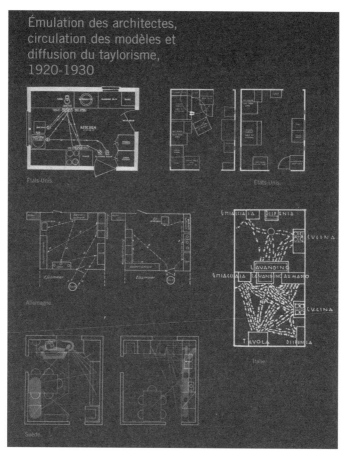

Émulation des architectes, circulation des modèles et diffusion du taylorisme, 1920-1930

20세기 초 '살기 위한 기계'라는 개념과 함께 주택에도 테일러리즘이 적용되었다.
주방 공간 계획에서도 가장 효율적인 동선과 모델을 모색한 노력이 엿보인다.
Catherine Clarisse, 『Cuisine, recettes d'architecture』, 2004

수익주택과
수직적 도시 풍경

도시 빈민과 수익주택의 탄생

"집은 사는 것이 아니라 사는 곳"이라는 광고 문구가 역설적으로 말해주듯 오늘날 대도시에 살면서 겪는 가장 큰 어려움은 원하는 집을 적당한 가격에 찾는 것이다. 이와 같은 문제는 우리나라뿐 아니라 홍콩, 도쿄, 런던, 뉴욕 등 여러 나라의 대도시에서 공통적으로 나타나고 있으며, 약 200년 전에도 존재했었다. 집이 부족해지자 집세가 폭등하면서 자본주의 개념이 철저히 반영된 새로운 형태의 집이 등장하는데, 이렇게 탄생한 주택은 한 시대의 문화를 대표하면서 동시에 도시의 모습을 바꿔놓는다.

산업혁명의 여파로 농촌을 떠난 빈민이 도시로 몰려들면서 18세기 말부터 파리의 거주 환경은 나날이 열악해졌다. 이러한 상황은 19세기에 들어서자 극한으로 치달았는데, 당시 노동자나 도시 빈민의 생활은 비참하기 짝이 없어 방 하나에 여러 가족이 거주하기도 했고, 두세 달마다 집주인이 올리는 임대료를 내지 못해 온 식구가 하루아침에 거리로 내쫓기는 일도 빈번했다.[4] 특히 파리 대개조 사업이 시작되면서 문제가 극심해졌다. 1853년 오스만 남작은 센(Seine) 지사로 취임하자 오물, 먼지, 질병으로 가득 찬 파리를 바꾸기 위해 의욕적으로 정비 사업을 시작했다.

이 사업은 기존 가로를 넓게 확장하고 새로운 도로를 내면서 지하에는 상하수도 시설을 구축하고, 한편으론 오페라 극장과 같은 대규모 문화시설을 건설하여 오늘날 파리의 기본 구조와 형태를 다진 역사적 사업으로 평가받는다. 그러나 도시를 개조하기 위해서는 낡고 비위생적인 건물을 철거하는 일이 선행되어야 했는데, 이로 인해 도시 빈민의 주택난은 더할 나위 없이 악화됐다. 철거된 건물에서 쫓겨난 사람은 거주할 공간을 마련하지 못했고, 매일 도시로 몰려드는 사람들까지 더해지자 도시는 극도로 비좁아져서 유랑민 무리까지 등장하게 되었다.

상황이 이처럼 열악해지자 1860년 나폴레옹 3세는 파리의 성곽을 허물고 도시를 확장했다. 시역(市域)이 확장되자 기존의 열악했던 파리의 모습과는 다른 시가지가 개발됐고, 귀족과 부르주아는 앞다퉈 이곳으로 이주했다. 이때 발달한 대표적인 곳으로는 유서 깊은 수도원이 위치했던, 센강 남쪽의 생제르맹(Saint-Germain) 지역을 들 수 있다.

생제르맹에는 18세기부터 오데옹 극장 같은 문화시설이 위치했었는데, 구도심을 떠난 귀족들은 파리의 서쪽과 이곳으로 거주지를 옮겼다. 새로 개발되는 지역에 인구가 밀려들자 건설업자와 자본가 들은

오늘날 우리에게 익숙한 파리 풍경은 19세기 중반에 오스만이 이끈 정비 사업에 의해 만들어졌다.

건물을 지을 수 있는 토지를 조성해 분양하고, 임대 수익을 얻기 위한 주택을 고안하여 집중적으로 건설하기 시작했다. 이때 등장한 것이 '수익건물(immeuble de rapport)' 또는 '임대료 주택(maison à loyer)'으로 불리는 건물이다.*

'수익주택'이란 명칭의 출현은 이윤 추구라는 새로운 개념과 목적이 주택에 도입된 것을 의미한다. 이 건물이 지어지자 건축주들은 큰 임대 수익을 올렸고 곧 프랑스 전역에서 크게 유행하게 되었다. 주택 부족으로 인한 임대료 폭등이 탄생시킨 수익주택은 19세기 후반 프랑스의 주택 및 건축양식을 대표하게 된다.

수직적 계층 분화가 만든 도시 풍경

수익주택은 공간 구성이나 외관에서 경제적인 개념이 그대로 반영된 특징을 지닌다. 이 건축물은 보통 6~7층 규모의 석조 건물인데, 한 건물에서 다양한 용도와 계층을 복합적으로 수용한다. 임대료가 가장 비싼 지면부에는 지면층(rez-de chausse)과 지면 중간층(entre-sol)을 만들어 상점으로 임대하고, 그 위층(실제적으로는 2층 또는 3층이지만 프랑스에서는 1층이라 부름)부터는 주택으로 구성해 다양한 계층이 거주하도록 하였다. 물론 층에 따라 임대료도 달라진다.

건물의 저층에는 화려한 주택을 만들어 귀족 계층이 거주하게 하고,

• 프랑스에서 수익건물, 임대료 주택, 수익주택 세 용어가 모두 쓰이나 이 책에서는 편의상 수익주택으로 통칭한다.

상층에는 작고 소박한 집을 여러 개 구획하여 노동자 계층이 살도록 했다. 최상층에는 다락방을 꾸며 하인이 거주하도록 하였다. 엘리베이터가 없던 시절이라 편리한 저층엔 부유층이, 위층으로 올라갈수록 가난한 사람들이 살도록 건물을 계획한 것인데, 이로 인해 건물 내에서는 수직적인 공간 분화가 나타난다.

건축물 입면에는 층별로 거주자의 경제적, 사회적 지위가 드러났다. 상점으로 사용되는 지면층과 지면 중간층은 주로 유리를, 상층부인 주택은 석조를 사용했다. 주택 부분 1~2층은 귀족이 사는 집에 어울리도록 아름다운 석조 발코니와 화려한 창을 달았는데, 창이 크고 발코니를 지지하는 하부 구조물의 장식도 섬세해 누가 봐도 아름답다. 실내로 들어가면 리본과 꽃 장식이 천장을 두르고 있고 호화스런 벽난로가 한편을 장식하고 있다.

하지만 두어 층 위로 올라가면 건물 외관이 소박해지기 시작한다. 창은 작아지고 발코니는 철제 주물로 바뀐다. 발코니를 지지하는 구조물의 형태 또한 단순해지고 장식은 대부분 사라진다. 실내도 아래층처럼 크고 호화롭지 못하다. 지붕 쪽으로 올라가면 창은 매우 작아지고 발코니 장식은 거의 없다. 내부를 보면 계단은 매우 좁아져 빙빙 도는 나무 계단으로 바뀌고, 아래층에서 본 으리으리한 대리석 중앙 계단은 흔적조차 찾아볼 수 없다. 이 집은 흔히 '하녀 방(chambre de bonne)'이라고 불리는데『소공녀』의 주인공이 아빠를 잃고 살았던 다락방을 생각하면 어떤 모습인지 쉽게 상상할 수 있다.

수익주택이 유행하면서 파리를 비롯한 프랑스 도시는 오늘날 우리

01   02

01,02 리옹과 파리에 세워진 수익주택.
층별로 창과 발코니 장식이 달라진다.
RAGUENET A,
『Monographies de bâtiments modernes』, 1900

03 수익주택은 층별 거주 계층 분화와
이를 반영하는 건축 형태를 보여준다.

03

04 자본주의 논리를 그대로 내비치는
수익주택은 오늘날 파리의 가장 일반적인
도시 풍경이 됐다.

04

가 보는 풍경이 되었다. 파리의 고풍스러운 건물 꼭대기 층은 아름다운 야경을 감상하기 위한 로맨틱한 곳과는 거리가 멀다. 지극히 경제적인 이유로 하층민들이 푹푹 찌는 여름날과 얼어붙게 추운 겨울날을 양철 지붕 밑에서 견디며 거주했던 공간이다.

수익주택은 자본주의 사회의 특성을 건물 형태에 철저하게 반영했다. 돈을 많이 내는 임차인에게는 훌륭한 공간과 멋진 장식을 제공했지만, 적은 임대료를 내는 계층에게는 비용을 철저하게 최소화한 공간을 제공했다. 임대료 수준에 따라 창 크기까지 작아지는 이 건물은 거주자의 경제적, 사회적 위치를 적나라하게 보여준다.

돈을 적게 내는 세입자에게는 햇빛도 허용할 수 없다는 잔혹함은 자본의 철저한 계산에 의해 건물이 지어지는 포디즘, 기계주의 시대의 등장을 알리는 전주곡이었는지도 모르겠다.

아파트를 지배하는
상품의 개념

핵가족과 아파트

서양에선 19세기 초부터 오늘날과 유사한 주택의 개념이 발전한 반면, 우리나라에선 1960년대 서구화가 본격화되면서 빠르게 주택 모습이 변하기 시작했다. 6·25 이후 현대사회로 전환하던 시기에는 대규모 토지구획정리사업을 통해 개량 한옥이나 단독주택 용지를 집단적으로 조성해 주택난을 해소하려 했고, 1970년대에 들어서자 본격적으로 아파트를 건설해 공급하기 시작했다.

오늘날 우리나라의 주택 유형은 단독주택, 다세대주택, 아파트, 도시형생활주택, 오피스텔 등 매우 다양하다. 하지만 실생활에서는 아파트와 아파트가 아닌 집으로 나눈다. 통계 수치도 이를 뒷받침하는데, 1980년에는 아파트에 거주하던 세대가 4.9퍼센트에 불과했으나 2010년에는 47.1퍼센트로 높아졌다. 또한 같은 해 전국 주택 중 아파트가 차지하는 비율도 59퍼센트에 달해 국민 대부분이 아파트에 산다는 느낌은 어느 정도 사실에 가깝다고 말할 수 있다.[5]

우리나라에서 아파트는 짧은 역사 속에서도 집과 가정의 개념이 변

1978년에 건설된 42평 아파트 평면.
거실보다 안방 면적이 크고, 타 실에 비해서도
거실이 작다.

화함에 따라 다양한 모습으로 바뀌었다.[*] 그렇다면 우리나라 아파트에 변화를 가져온 가장 중요한 개념은 무엇일까? 우선은 핵가족의 대두이고, 다음은 대량생산되는 상품이라는 개념이다. 아파트가 공급되기 시작한 1970년대에는 대가족이 보편적이라 아파트 또한 이에 적합한 구조로 지어졌다. 방이 작더라도 3대가 거주할 수 있도록 가급적이면 방 개수를 늘렸고, 작은 규모의 아파트임에도 며느리와 시아버지가 같은 변기에 앉을 수 없다는 이유로 화장실은 두 개가 계획되기도 하였다. 또한 거실에는 미닫이 유리문을 달아 필요한 경우 방으로도 사용할 수 있었고, 주방 옆엔 한 사람이 몸을 겨우 누일 만한 MR(maid room, 일명 식모 방)도 딸려 있어 거실이 중심인 서양식 평면과는 차이를 보였다.

그러나 1970년대 후반부터 중산층이 늘어나고 핵가족이 확산되면서 아파트는 부부 중심의 거주 공간으로 변화하기 시작했다. 가족 구성원이 적어지면서 동일한 면적의 아파트라도 방의 개수는 줄어들고, 안방은 드레스룸과 욕실이 딸린 부부 침실로 명칭과 구조가 바뀌었다. 또한 거실이 커지면서 방 중심에서 거실 중심으로 공간 구조가 변화했

• 우리나라 최초의 아파트는 시각에 따라 달라진다. 5층 이상 주거 건축물을 아파트라 구분하는 현재 건축법규를 따를 경우 1930년대 건설된 충정로아파트를 최초의 아파트로 볼 수 있고, 자료에 따라서는 광복 이후 건설된 시민아파트를 최초의 아파트로 구분하기도 한다. 또한 오늘날과 같은 단지 개념이 도입된 아파트는 1962년에 지어진 마포아파트로 이를 최초의 아파트로 보기도 한다.

고, 가정생활의 중심인 주부가 주로 머무는 주방은 점차 개방되어 거실과 평행하게 전면에 배치되기도 하였다.

레디메이드 종합 선물 세트

핵가족화로 인한 주택 평면의 변화는 다른 나라에서도 일어나는 현상이다. 그러나 우리나라 아파트는 가족 구성원의 감소라는 사회 변화보다 대량생산되는 상품이란 개념을 만나면서 훨씬 더 독자적인 특성을 나타낸다.

우리나라 아파트는 판매용 상품이라는 것을 강조하듯이 벽면에 아주 커다랗게 상표가 찍혀 있다. 시대별로 조금 달라지긴 하지만 우리나라 아파트 대부분은 건설사 이름이나 지역 명칭을 그대로 사용한다. 현대아파트, 한양아파트, 삼성아파트 등은 우리나라의 어느 도시에 가도 쉽게 눈에 띄는 이름들이다. 이러한 현상은 대형 건설사의 이름을 통해 아파트에 대한 신뢰도를 높여 판매를 촉진하기 위한 발상이거나 반대로 건설사의 홍보 효과를 노린 것일 수도 있다. 이유가 무엇이든 간에 시멘트 사일로나 항구의 컨테이너를 제외하고는 상표를 이렇게 크게 달고 있는 상품이 세계 어디에 있을까 싶다. 서양에도 우리나라와 같은 대규모 아파트 단지가 있지만, 아파트 이름을 벽면에 크게 달거나 게다가 건설사의 이름을 그대로 사용하는 경우는 극히 드물다.

이렇게 만들어진 아파트가 소비자에게 선택되는 양상은 한층 더 상품의 성격을 강조한다. 건설사명을 보고 아파트의 품질을 평가한 후

우리나라의 아파트 이름은 자동차에서도, 텔레비전이나 스마트폰에서도, 과자 봉지에서도.
달리는 고속버스에서도 찾을 수 있다.

집을 직접 보러 가는 게 아니라 부동산에 걸려 있거나 카탈로그에 있는 평면도를 본다. 같은 단지의 같은 타입 집은 어차피 다 똑같기 때문이다.

아파트 내부에서도 상품으로서의 성격은 잘 드러난다. 소득 수준이 높아지자 시공사는 빌트인 제품을 제공해 인테리어 완성도와 입주 편의성을 높이고, 자동차를 고를 때처럼 경제적 여건과 취향에 따라 옵션을 선택할 수 있게 하였다. 또한 방 높이와 규모가 규격화된 아파트가 보편화됨에 따라 붙박이 가구가 유행하게 되었다. 딸이 시집갈 때 엄마가 해주던 평생 쓸 오동나무 장롱은 이제 굳이 필요하지 않다. 빌트인 가전제품이 제공되면서 아파트를 짓는 건설사는 집 한 채를 팔면 계열사가 만든 세탁기와 냉장고까지 팔 수 있는 완전 상품의 구조를 만들었다. 소비자의 편의를 극대화한 우리나라 아파트는 레디메이드 완전 상품으로 진화했다.

브랜드화와 비용 지불

우리나라 아파트에서 상품이란 개념이 가장 직접적으로 느껴지는 부분은 소비자가 브랜드의 가격을 지불한다는 점이다. 2000년대에 들어 우리나라 대기업은 일반 제품과 차별화되는 고가의 별도 브랜드를 출시하고 고급 제품 시장을 새로 열었다. 삼성 냉장고와는 다른 지펠이 시장에 등장했고, 김치냉장고가 아닌 딤채가 나왔다. 기업의 이름을 감추고 고급 브랜드로 차별화한 판매 전략은 IMF에서 벗어나 국내 경기가 활성화되는 시장 상황과 맞아 들어 성공적인 결과를 가져왔다. 그리고 이러한 흐름에 따라 아파트 시장에도 새로운 바람이 불었다.

이 시기부터 캐슬, 스테이트, 팰리스 등 서양의 호화 주거 명칭이나 푸르름, 건강 등 시대적 트렌드를 차용한 브랜드들이 탄생했다. 이름뿐 아니라 시설, 외장 등을 차별화했고, 특히 편의 시설을 고급화하여 일반 아파트와 차별성을 강조하였다. 노인정, 어린이 놀이터 위주로 조성됐던 단지 내 편의 시설은 골프 연습장, 주민 전용 카페, 게스트룸, 수영장까지 등장하며 호화로워졌고 이를 통해 이미지메이킹에 성공했다. 그리고 모든 비용은 분양가에 고스란히 반영되었다.

우리가 지불한 아파트 비용에는 이미 브랜드 가격이 들어 있다. 소비자들도 이 사실을 인식하고 아파트를 구입한다. 2015년 초 서울 강남 세곡 보금자리주택 지구에서 발생한 SH공사의 '자곡포레'와 '래미안강남힐즈' 입주민 간의 분쟁은 이런 인식을 단적으로 나타낸다.

SH공사의 임대 및 공공 분양 아파트를 삼성물산이 건설하고 '자곡포레'라는 명칭을 사용했는데, 아파트 입주민들이 시공사의 브랜드를

(좌) 아파트 단지는 새로운 네이밍과 함께 브랜드화되고 있다.
(우) 고급 아파트 단지 내에는 입주민만이 사용할 수 있는 다양한 편의 시설이 제공된다.

사용하여 아파트 명칭을 '래미안강남포레'로 변경 요청하면서 문제가 불거졌다. 인근에는 이미 '래미안강남힐즈'가 분양되어 주민들이 거주하고 있었는데, 같은 명칭을 사용하면 아파트 가치가 떨어지거나 혼란이 생길 것을 우려한 래미안강남힐즈 주민들이 민원을 제기하고 강남구청 구청장실 앞에서 농성을 시작했다.

'이미 우리가 지불한 평당(3.3제곱미터) 2040만 원이란 비용엔 래미안이라는 브랜드 비용이 포함되어 있으며, 이 명칭을 다른 아파트가 게다가 저소득층이 거주하는 임대아파트에서 사용할 시 심각한 재산권 침해가 우려된다'라는 논리였다.[6]

한 지역에 유사한 면적과 평면을 지닌 아파트라도 회사명에 따라 가격이 크게 달라지는 것을 보면 우리나라 아파트는 확실히 브랜드가 가격을 좌우하는 상품이다. 샤넬 백을 드는 사람에게 10만 원짜리 가방과 기능적으로 어떤 차이가 있어 그 가방을 샀냐고 물어보는 건 어리석은 일이다. 디자인과 브랜드가 가치를 결정하는 창조 경제 시대에 살고 있으니 이는 당연한 현상으로 받아들여야 할까?

4

임대주택
공급의 딜레마

질과 양 사이의 갈등

지속 가능한 도시를 만들기 위해 가장 중요한 것은 도시의 다양성과 자생력을 키우는 일이다. 도시의 경쟁력은 다양한 계층과 업종이 만나서 창출되는 시너지 효과에서 발현된다. 고학력자만이 모여 살 때 좋은 도시가 되는 것은 아니다. IT 기반의 첨단산업이 도시의 핵심 산업이라 해도 레스토랑, 카센터, 영화관, 육아 시설 등이 충분히 제공되어야지만 사람들이 생활할 수 있다. 즉 도시란 고임금의 전문 지식 노동자와 카페에서 음식을 나르는 종업원이나 거리의 청소부도 공존하는 공간이다.[7]

지속 가능하고 살기 좋은 도시를 만들기 위해서는 여러 계층의 사람들이 살 수 있도록 다양한 주택을 공급해야 한다. 그리고 여러 계층의 사람이 도시에 모여 살기 위해선 소득이 낮은 사람들이 안정적으로 거주할 수 있는 임대주택을 공급하는 게 매우 중요하다.*

* 임대주택이란 공공임대주택과 개인이 빌려주는 임대주택으로 구분할 수 있다. 이 책에서는 공공임대주택만을 일컫는다.

우리나라에서 임대주택은 저소득층이 사는 곳이라는 인식이 일반적이지만, 임대주택 공급률이 높은 유럽에선 임대주택 거주자가 저소득층에 국한되지 않는다. 네덜란드에선 임대주택 비율이 35퍼센트를 넘어가고, 임대주택 비율이 17퍼센트에 달하는 프랑스에서는 입주 신청 자격을 지닌 사람이 국민의 70퍼센트에 해당한다.

그러나 우리나라의 임대주택은 아직까지 저소득층을 중심으로 공급되고 있다. '공공'이라 통칭되는, 주로 국가나 지방자치단체가 공급하고 관리하는 임대주택은 재원이 충분하지 않은 국내 상황으로 인해 '저소득층에게도 민간 수준의 질 높은 주택을 제공하느냐'와 '주택의 질을 좀 낮추더라도 더 많은 사람이 혜택을 누릴 수 있게 하느냐'라는 두 가지 논리가 항상 부딪친다. 둘 다 타당성과 설득력이 있다.

임대주택이라 해도 1인당 적정 거주 면적을 확보하고 시설 수준을

구분	백분율
40㎡ 이하	51.9%
40~60㎡ 이하	35.4%
60~85㎡ 이하	10.5%
85㎡ 초과	2.2%

2015년 한국 임대주택 공급 현황
임대주택은 영구임대, 국민임대, 5년·10년·50년 임대, 매입임대 및 민간 부분 공급 임대주택을 종합적으로 포함하고 있으며, 주로 민간에서 건설하는 임대주택이 85제곱미터 초과에 해당한다.
출처: 국토교통부 임대주택 통계 자료

구분	백분율
1실	5.5%
2실	18.9%
3실	37.2%
4실	29.5%
5실 이상	8.9%

2015년 프랑스 사회주택 공급 현황
사회주택은 프랑스의 공공임대주택이다.
주방, 욕실, 창고는 실에서 제외되며, 3실과 4실이 가장 높은 비율을 차지한다.
출처: 프랑스 환경·에너지·해양부 통계 자료

높여 저소득층에게도 일반 주택과 유사한 거주 환경을 제공해야 한다는 주장은 임대주택 거주자의 입장에서 볼 때 좀 더 설득력을 지닌다. 현실적으로 40제곱미터의 국민임대아파트에 식구 네댓 명이 거주하는 것은 무리이다. 개인소득에 따라 보험료를 지불하면 납부액에 상관없이 필요한 만큼 혜택을 볼 수 있는 의료보험처럼, 소득에 따라 적정한 금액을 지불하면 임대주택 거주자는 가족 규모에 맞는 집을 고를 수 있어야 한다는 것이다. 같은 임대료를 내더라도 4인 가구보다 6인 가구에 더 큰 임대주택을 주어야 한다는 논리이다.

얼마나 많은 사람이 혜택을 누릴 수 있느냐로 시각을 바꾸면, 한 가구에 충분히 넓고 좋은 공간을 마련해주는 것보다는 작은 규모의 주택을 짓고 민간 분양주택보다는 건설비를 낮춰, 같은 비용으로 더 많은 사람에게 입주 기회를 주는 것이 낫다는 주장 또한 타당성을 지닌다. 임대주택을 건설하거나 매입하는 데 사용할 수 있는 공공 재원은 한정적이고, 아직까진 매우 열악한 환경에서 거주하는 사람이 많기 때문에 최대한 많은 사람이 혜택을 누릴 수 있도록 하는 게 우리 상황에 적합하다는 주장이다.

사회의 상황과 여건에 따라 해답은 달라질 수 있다. 그리고 아직까지 한국에서는 비용을 낮춰 더 많은 사람에게 혜택을 제공하는 방식을 선호한다. 하지만 후자의 논리로 임대주택을 공급할 경우 여러 가지 부작용이 발생할 수 있다. 우리나라 임대주택 중 가장 높은 비율을 차지하는 국민임대는 대부분 60제곱미터 이하로 공급되고 있으며, 임대주택 전체를 봐도 10년 공공임대주택을 제외한 임대주택은 대체로 60

제곱미터 이하의 규모다.[8]

반면 프랑스 임대주택의 평균 면적은 56.7제곱미터로 우리나라 4인 기준 최저 주거 면적인 43제곱미터와 비교해봐도 훨씬 넓고, 우리나라 임대주택의 실제 공급 면적의 상한인 60제곱미터와 거의 유사하다.[9] 최근 프랑스에서 공급되는 임대주택을 보면 거실과 침실 두 개(3실)인 아파트가 37.2퍼센트로 가장 많고, 거실과 침실 세 개(4실)인 아파트가 29.5퍼센트로 그다음을 차지한다. 임대주택이 비좁고 열악한 주거라는 공식은 프랑스에서 성립하지 않는다.

척 봐도 알 수 있다

우리나라 임대주택이 작은 규모에 주로 치중되어 공급되면서 여러 문제점들이 발생한 것은 사실이다. 굳이 거창하게 거주권을 들먹이지 않아도 좁은 집에 많은 식구가 함께 거주하다 보면 시설은 빨리 노후되고 거주 환경이 열악해지는 건 당연하다. 또한 작은 규모의 집만 공급하며 저렴하게 짓다 보니 주변 지역에서 임대주택단지는 따돌림과 배척의 대상이 되기도 했다. 재건축으로 같은 단지에 일반 분양 아파트와 임대아파트가 함께 건설된 경우에도 임대아파트 동은 단지 한구석에 처박혀 있고 작은 평 위주로 구성되어 건축 형태에서도 차이가 난다. 누가 봐도 꿰다 놓은 보릿자루로 보인다.

물론 임대주택 비율이 프랑스의 3분의 1 수준인 우리나라에서 일반 주택처럼 쾌적하고 넓은 임대주택을 공급하는 것은 시기상조라고 할

고속도로를 바라보고 우뚝 서 소음과 먼지에
그대로 노출된 임대주택.

수도 있다. 그러나 우리나라 임대주택의 빈곤한 디자인은 단지 비용이 부족해서만은 아니라는 생각이 든다. 경부 고속도로를 타고 서울로 들어서면 보이는 아파트 세 동은 정말 입을 딱 벌어지게 한다. 일반 아파트로 지었더라도 과연 저런 모습이었을까? 임대주택 거주자는 어떤 집이든 만족할 거라고 생각하는 게 아닐까? 용감하게 고속도로를 바라보면서 소음과 먼지에 꿋꿋이 맞서고 있는 임대주택을 보면 아직까지 질보다 양으로 승부하던 과거에 시계가 멈춰 있는 느낌이다.

꼭 살아보고 싶은 그 집

파리의 리브 고슈(Rive Gauche)는 우리나라 사람들이 매우 좋아할 만한 동네다. 센강의 남동쪽에 면한 곳으로 1990년대부터 개발되기 시작했는데, 프랑스 미테랑 국립도서관과 파리 7대학이 있고, 현대적 사무실과 상업 시설, 공원이 새로 조성되어 편리함과 파리의 낭만을 함께 누릴 수 있다. 이곳엔 밖에서 보면 임대주택임을 전혀 알아차릴 수 없는 매우 세련된 단지가 있다.

파리 시는 리브 고슈를 개발하면서 가장 참신하고 능력 있는 건축가들을 모아 시험적인 단지를 건설하게 했다. 한 블록에 여러 건축가가 참여해 다양한 디자인을 선사했고, 건물 상층에는 임대주택과 일반 분양주택을, 하층에는 보육원, 사무실, 상가 들을 배치했다. 그리고 단지 내부에 중정을 개방하여 점심시간이면 회사원과 대학생 들이 샌드위치를 들고 와 휴식을 취하고 담소를 나눌 수 있도록 했다.

또한 이 지역을 개발하면서 시몬느 드 보부아르 보행교를 설치해 센강 건너 베르시 공원이 바로 연결되도록 했고, 파리 중심까지 서너 정거장이면 닿는 지하철 13번 선을 개통했다. 이처럼 훌륭한 입지에 탁월한 디자인으로 임대주택을 공급한다면 누구나 들어와 살고 싶어 하지 않을까?

누구나 들어가고 싶어 7~8년씩 대기하는 프랑스 임대주택이 처음부터 그랬던 건 아니었다. 한때는 임대주택에 저소득층과 이민자가 주로 거주하면서 주변 지역에서 배척되어 도시의 섬처럼 고립되었고, 사회적 불만이 쌓여 폭동이 일어나기도 했었다. 지역사회로 문제가 확산되자 임대주택의 성격을 바꾸기 위해 다양한 방안들이 마련됐다.

리브 고슈 사례처럼 우선 임대주택을 좋은 입지에 위치시켰고, 건축적으로 높은 가치를 지닌 건물로 짓기 시작했다. 또한 10년이 된 임대주택은 거주자나 관리인이 매입할 수 있도록 해서 공공의 유지·관리 비용을 절감하고, 저소득층만 남아 있게 되면서 발생하는 사회적 문제를 현명하게 해결했다.

그리고 임대주택을 지을 때 매개주택(logement intermedaire, 저소득층은 아니지만 일반 분양주택을 구매하기엔 경제적 여력이 부족한 중간 소득 계층을 대상으로 하는 주택)을 일정 비율로 함께 지어, 중산층과 함께 모여 사는 소규

01

01 미테랑 국립도서관 옆에서
내려다본 풍경.
시몬느 드 보부아르 보행교와
센강 건너 베르시 공원이 보인다.

02 리브 고슈 임대주택의 모습.
프랑스의 젊고 유능한 건축가들이
현상설계를 통해 세련된 디자인을
구사했다.

03 단지 저층엔 보육, 업무 시설이
혼합되어 있고, 단지 내부 정원은
개방되어 많은 사람들에게 사랑받고 있다.

02

03

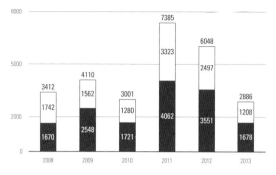

파리 시의 신축 주택 공급 규모
검은색이 공공이 건설한 임대주택,
흰색이 그 외 다른 주택을 의미한다.
2011년 새로 공급된 주택을 살펴보면
전체 7385호 중 4062호가
임대주택으로 공급되어 파리 시
신축 주택의 반 이상이 임대주택으로
공급되었다는 걸 알 수 있다.
출처: 파리 시 지역주택계획(PLH), 2014

모 혼합 주택으로 건설하기 시작했다. 2000년대 후반부터 신축 주택
의 반 이상을 임대주택으로 공급하자 임대주택은 저소득층에만 국한
된 집이 아니라 가격과 거주 환경이 매력적인, 누구나 거주하고 싶은
집으로 변화됐다.[10]

5

집주인 마음대로
정할 수 없는 주택 임대료

파리 임대주택은 얼마나 비쌀까?

파리에서는 두 종류의 집을 빌릴 수 있다. 첫째는 사회주택(logements socaiux)으로 불리는 공공임대주택이고, 둘째는 개인이 소유한 주택이다. 파리에는 우리나라와 같은 전세가 존재하지 않아 임대료는 월세로 지불해야 하는데, 둘 중 어떤 집을 빌리느냐에 따라 임대료가 달라진다. 물론 사회주택은 임대료가 매우 저렴하다. 하지만 대기자가 매우 많아 신청하고 몇 년을 기다려야 한다. 그래서 보통은 개인이 소유한 집을 빌리게 된다.

노후된 공장을 유치원으로 리모델링하고 분양. 공공임대주택을 함께 건설해 생태 단지로 탈바꿈시킨 파리 15구 부시코(Boucicaut) 단지.

그럼 파리의 월세를 구체적으로 살펴보자. 우선 상대적으로 월세가 저렴한 공공임대주택을 살펴보면, 파리의 2015년 임대주택 월세 상한액은 1제곱미터당 5.97유로에서 6.7유로이다. 이 임대료를 우리나라 가정

집 *maison*

	Zone I bis	Zone I	Zone II	Zone III
PLAI	5.97	5.61	4.92	4.56
PLUS	6.70	6.30	5.54	5.14

지역별 PLAI, PLUS 사회주택의 임대료 상한선

프랑스 사회주택은 목적 및 대상에 따라 다양하게 구분된다.
PLUS는 사회적 혼합을 목적으로 하는 사회주택의 유형으로 가장 일반적이며,
PLAI는 사회적, 경제적 어려움이 있는 가구가 입주하는 사회주택이다.
지역 구분으로 보면 파리는 임대료가 가장 높은 Zone I bis에 속한다.
출처: 프랑스 환경·에너지·해양부 통계 자료, 2015

이 일반적으로 거주하는 85제곱미터(약 25평) 면적의 아파트에 적용하면 507유로(약 66만 원)에서 570유로(약 74만 원) 사이고, 60제곱미터(약 18평)의 경우는 358유로(약 47만 원)에서 402유로(약 52만 원)이다. 강남 8학군 한복판에 해당하는 지역의 신축 주택에 서울 대학가 원룸형 주택 월세의 1.5배 정도의 임대료만 내면 된다면, 게다가 보증금도 두 달 치 임대료밖에 안 된다면 누가 이런 집에 살기를 마다할까? 방금 말한 금액은 어디까지나 최고 임대료일 뿐이고 대부분은 가구 소득과 건물 연한에 따라 이보다 훨씬 낮은 임대료를 지불한다. 하지만 이와 같은 이유로 대기자가 넘쳐 파리의 임대주택에 들어가기는 정말 어렵다.

민간 주택의 임대료도 규제한다

민간 주택을 월세로 빌릴 땐 어떻게 달라질까? 파리의 집세는 이전부터 비싸기로 악명 높았는데, 주택 가격과 임대료가 끊임없이 상승하자

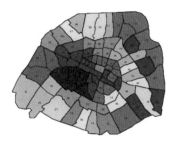

파리 시 민간 주택 임대료는 80개 구역 구분에 따라 규제된다.
출처: 파리 지역 임대료 관측소(OLAP), 2015

파리 시는 2015년부터 민간 주택의 임대료도 규제하기 시작했다. 파리 시 각 지역의 실제 임대료를 조사한 뒤 시 전체를 임대료 현황에 따라 80개 구역으로 구분하고, 건축 연도와 집의 규모에 따라 기준 임대료와 최저, 최고 임대료를 시 조례로 발표했다. 집주인이 조례에서 정한 기준을 넘어 마음대로 월세를 정할 수 없도록 한 것이다.

물론 우리나라에도 주택 임차인을 보호하기 위한 법들이 있다. 전세를 갱신할 경우 일정 비율을 넘어 전세금을 올릴 수 없도록 하고, 월세 전환 시 이율도 법률로 정하고 있다. 하지만 집을 빌려보았거나 빌려줘본 사람이라면 법률과 동떨어진 현실을 잘 알고 있다.

이제 파리에서 집을 빌릴 때는 이 기준에 따라 월세를 정하면 된다. 월세뿐 아니라 보증금에 대해서도 법적 규제가 생겼다. 집주인이 집세를 못 받을지 모르는 상황에 대비한다는 명목으로 일 년 치 월세에 해당하는 보증금을 요구하는 일은 불가능하게 되었다.

과연 이게 시장경제에서 타당한가 논란이 있을 수 있지만, 파리에서 주택 임대료를 규제한 배경을 알게 되면 이해가 간다. 임대료가 폭등하면 한 가정의 수입에서 월세 지출 비율이 점차 늘어난다. 그리고 이 같은 비율은 저소득층에서는 더욱 커지는데, 가계 수입의 40퍼센트 이상을 월세로 지불하는 가구가 프랑스 민간 주택 임차 가구의 4분의 1

을 넘어서자 주택문제가 시급한 사회문제로 대두되있다. 이처럼 주거비가 늘어나면 식비나 교육, 여가비로 지출할 수 있는 여력이 줄어 사회 전체의 소비가 감소한다. 부동산을 제외한 다른 부분의 경제가 위축된다는 것이다.

즉 프랑스의 민간 주택 임대료 규제는 사회 전반의 균형 있는 경제 활성화를 위해 도입되었다. 그리고 이 규제는 국가 전체에 일괄적으로 적용되는 것이 아니라 주택 가격과 임대료가 매우 높은 몇몇 도시에만 적용된다. 파리 시의 노력은 세계적인 대도시에서 나타나는 극심한 주택난과 이에 대한 프랑스식 처방을 잘 보여주고 있다.

6

지속 가능한
도시의 주택

도시에 부는 복고 바람

최근 우리 사회에서 7080이 엄청난 인기를 끌고 있다. 카페에서도, 방송에서도 복고의 열기가 대단하다. 올해의 패션 키워드도 레트로인 걸 보면 복고는 전 세계적인 트렌드인 듯하다. 그렇다면 복고의 유행은 무엇을 의미할까? 레트로에는 현대인들의 생활에 대한 성찰이 깔려 있다. 사람들이 빠른 변화 속에서 미래에 대한 불안감을 느끼기에 과거에서 찾은 아이템을 활용하여 친밀함과 편안함을 주고자 하는 것이다. 이러한 이유로 레트로는 주기적으로 패션계에 등장한다.

도시에도 복고 바람이 불고 있다. 경쟁적으로 더 높은 건물을 짓는 데 매진하던 도시가 어느 순간 역사성을 강조하고 문화적으로 풍부한 공간을 만드는 데 열중하고 있다. 기후변화에 대응할 필요성이 강조되고 지속 가능한 도시가 앞으로 나아갈 방향이라는 논의가 공론화되면서, 더 높고 빠르고 큰 것을 추구하던 도시는 이제 속도를 늦추고 문화적으로 풍부하고, 독자적 개성이 가득한 도시로 변화하기 시작했다.

패스트 시티, 패스트 주택

슬로시티나 레트로는 빠른 속도로 앞만 보고 달려가는 현대사회의 생활 방식에 대한 반성과 다른 형태의 삶을 찾고자 하는 고민을 담고 있다. 1999년 이태리에서 시작된 슬로시티 운동은 기술혁명으로 빠름과 편리함에 익숙해진 사람들이 느림의 즐거움과 행복을 잃어버렸음을 깨닫고, 사람이 사람답게 살 수 있도록 도시와 생활 방식을 전환하는 것을 목적으로 한다. 슬로시티는 전통 방식으로 만들어진 슬로푸드를 먹고, 자연환경을 보존하고, 전통을 계승하면서 친밀하고 편안한 생활로 돌아가는 것을 추구한다. 이곳에서는 성장보다 성숙을, 양보다는 질을, 속도보다 깊이와 품위를 지향한다. 그리고 느림(slow), 작음(small), 지속성(sustainable)에 가치를 둔다.[11] 그렇다면 슬로시티에는 어떤 집이 어울릴까?

우리나라에서 집은 아파트와 아파트가 아닌 집으로 양분된다 할 수 있다.* 그리고 도시에서 아파트가 아닌 나머지 집은 대부분 다세대와 다가구주택으로 구성된다. 도시에서 주택이 두 가지 유형으로 대표되면서 이를 모방한 집들이 등장했다. 아파트가 진화한 주택 형태로는 오피스와 호텔을 결합한 주거형 오피스텔이 등장했고, 타워팰리스로 알려진 주상복합형 고급 공동주택이 나타났다. 한편 다세대, 다가구주택이 변형된 주택 형태로는 도시형생활주택인 원룸이나 투룸이 등장했다. 즉 아파트의 닮은 꼴인 주택은 고급화, 대형화된 반면 서민이 사

---

* 2010년 인구주택총조사 결과 아파트에 거주하는 가구는 47.1퍼센트다. 1980년 4.9퍼센트였던 아파트 거주 가구 비율은 1990년 14.8퍼센트를 거쳐 2000년 36.6퍼센트로 뛰어 30년 만에 거의 열 배가 되었다.

01

02

03

01 럭셔리 주상복합이 위압적으로 느껴지는
이유는 단지 높이 때문일까?

02 1990년대 등장해 기성 주거 지역을 주로
채우고 있는 다세대, 다가구주택.

03 대학가에 급속히 들어서는 고급형 원룸.

04 이면 도로로 접어들면 고시텔, 원룸텔,
리빙텔 들이 모여 있다.

04

는 다세대, 다가구주택에서 변형된 집은 더욱 열악해지고 있다. 그리고 이 두 곳 어디에도 머물지 못하는 저소득층에게는 고시원, 원룸텔 같은 협소한 공간이 집을 대신하고 있다.

아파트를 중심으로 주거 공간이 양분되는 현상은 인구밀도가 극도로 높은 일본, 한국과 같은 아시아 국가에선 피할 수 없는 일일까? 인구밀도가 높아 어쩔 수 없이 고층 아파트를 지어야 한다는 논리는 서울과 파리의 건축 밀도만 비교해도 오류임을 알 수 있다. 도시 전체에 25~31미터의 높이 제한이 걸려 있는 파리의 인구밀도는 헥타르당 200명으로 170명인 서울보다 높다. 즉 도시 전체를 7~9층 정도의 중층 건물로만 채워도 인구를 수용할 수 있다는 얘기다.

아파트는 패스트 시티의 패스트푸드 같은 집이다. 같은 평면을 지닌 네 집이 서로 붙어 있는 4호 조합 아파트를 25층 올리면 집 100채를 지을 수 있다. 그리고 같은 동을 10개 건설하면 평면 하나로 집 1,000채가 생산된다. 그리고 같은 평면을 서울, 광주, 부산, 대구에도 똑같이 적용한다. 반면 작은 땅을 놓고 층마다 집을 디자인한다면 각각 다른 평면을 그려야 한다. 생산자 입장에서 하나의 디자인으로 더 많은 상품을 생산하면 개발비는 적게 들고 이익이 많이 남기 때문에 아파트를 선호하는 건 당연하다.

공사비까지 더하면 말할 것도 없다. 위아래 집이 같은 평면이기에 거푸집을 그대로 끌어 올려 쓰면 된다. 거기에 공장에서 대량생산한 제품을 쓰면 개당 생산에 투입된 비용은 더 낮아져 생산자의 이익은 더 커진다. 우리나라의 아파트는 생산자의 이익을 극대화한 맥도날드

햄버거 같은 집이다. 이처럼 건폐율(대지 면적에 대한 건축 면적의 비율)이 채 20퍼센트를 넘어가지 않는 단지 계획의 방향과 용적률(대지 면적에 대한 총면적의 비율)이 허용하는 범위 내에 가장 많은 아파트 호수를 집어넣어 사업성을 충당하는 건설 시스템 아래에서 집의 근본적인 변화를 바라긴 어렵다.

더 다양하고, 더 균등하게

최근 서울에서 가장 뜨고 있는 동네는 누가 뭐래도 서촌이다. 그동안 이 지역은 경복궁 서쪽에 위치하고 청와대와도 가까워 문화재 보호와 안보 문제로 개발이 제한됐다. 양반 대갓집들이 모여 있는 북촌은 2000년대 초부터 가치가 인식되며 보존 열풍과 함께 문화적 명소로 조명을 받았다. 하지만 조선 시대 중인과 서민 들이 주로 거주했던 서촌은 생활형 한옥이 밀집해 있어 한옥지정구역과 한옥권장구역으로 지정되고, 높이 규제까지 적용되어 탁월한 입지에도 최근까지 과거의 모습을 그대로 지니고 있던 지역이다.

하지만 아이러니하게도 그동안 개발이 비껴간 덕분에 이 지역은 매력적인 동네로 인식되며 사람들이 모여들기 시작했다. 전집, 막걸리집, 카페, 하숙집 들이 모여 묘한 향수를 일으키지만 동시에 최신 유행도 공존하여 많은 사람들이 서촌을 사랑하게 되었다. 집값이 엄청 뛴 것은 굳이 말하지 않아도 짐작할 수 있을 것이다.

아마도 지속 가능한 시대가 요구하는 집은 서촌을 걷다 보면 만나는

박노수미술관에서 바라본 서촌.
요즘엔 아기자기하고 정감 있는 주거지
풍경을 만나기 쉽지 않다.

집들일 것이다. 제각각인 땅 모양에 맞춰 각자 다른 모습으로 그 시대에 가장 흔한 재료를 사용해서 다듬어진 집은 우리 도시에 소중한 개성을 만들어낸다. 하루아침에 화려하고 위풍당당한 기세로 개발되었다가 30년이 지난 어느 날 재건축의 바람 속에 철거될지 모를 신도시 아파트 단지에선 이처럼 다양하고 개성 있는 모습을 기대하기 힘들다.

그렇다면 파리의 상황은 어떨까? 서울에 비하면 주거 환경이 조금은 나은 편이다. 건축물 재료가 석조인 덕분에 옛 건물이 오랫동안 남아 있어 잘 보전되고 있으며, 각기 다른 시대에 지어진 건축물들도 조화를 이룬다. 또한 저소득층을 위한 임대주택도 적지 않게 공급되고 있다. 그렇다면 파리를 모범 답안으로 생각하고 따라가도 괜찮을까? 아쉽게도 파리에서도 지속 가능한 도시로 가기 위한 한 가지 중요한 조건이 빠져 있다. 바로 '균등함'이다.

파리 임대주택은 서민들이 주로 사는 외곽 지역의 13구, 19구, 20구에 집중되어 있고 중산층이나 상류층이 거주하는 지역에는 매우 드물다. 중심 지역의 경우 도심 기능 유지를 위해 임대주택 수가 적다고 해도, 파리의 고급 동네인 16구의 임대주택 비율은 3.7퍼센트, 8구는

2.7퍼센트, 7구는 1.3퍼센트로 임대주택 비율이 높은 19와 13구(각각 37.3, 35.2퍼센트)에 비하면 매우 낮은 수치를 나타낸다.

이러한 문제로 이달고(Anne Hidalgo) 파리 시장은 임대주택 비율이 낮은 자치구에 임대주택을 공급하기 위해 노력하고 있다. 적은 숫자지만 상징적인 시도로 2015년에는 파리 16구에 임대주택 120호를 공급했고, 이러한 시도는 적극적으로 이어지고 있다.[12] 타 지역보다 월등히 땅값이 비싼 16구에 임대주택을 공급하는 것에 대해선 의견이 분분하다. 타 지역에 비해 집을 조금밖에 지을 수밖에 없어 공급 측면에서 효율적이지 못하다는 게 반대의 논리다.

하지만 파리도 서울만큼이나 교육열이 매우 높은데, 16구에는 수준 높은 학교가 모여 있어 많은 사람들이 거주하기 원한다. 문제는 집값과 임대료가 워낙 높다 보니 공립학교가 있어도 서민은 질 높은 교육의 혜택을 받기 어렵다는 점이다. 지금처럼 땅값이 비싸다는 이유만으로 16구에 임대주택을 짓지 않으면 서민 가정의 자녀들이 좋은 교육을 받을 길은 막히게 된다.

그렇기 때문에 파리 시에서는 지속 가능한 도시를 만들기 위해 임대주택을 도시 내에 균등하게 분포시키는 것을 핵심 과제로 삼는다. 도시의 역사와 문화를 담고 있는 주택을 여러 계층의 사람이 공유할 수 있도록 하는 것. 즉 다양성과 균등함이 지속 가능한 도시의 주택이 지향해야 할 키워드이다.

01

02

01 파리 13구의 대규모 아파트 단지들은 서민용
임대주택으로 많이 활용된다.

02 파리 19구의 일반적인 풍경. 우리나라 아파트와
유사한 건축물이 보인다.

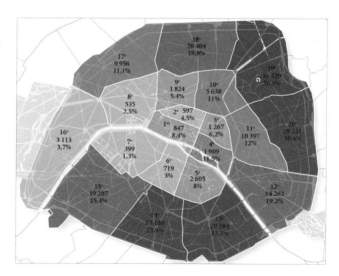

**Les logements
sociaux SRU - 2012**
Rapport entre le nombre
de logements sociaux
SRU et le nombre de
résidences principales

moins de 5 %
de 5 à 10 %
de 10 à 15 %
de 15 à 20 %
20 % et plus

**200 993 logements
soit 17,38 %**

Source : Bilan du parc
de logements sociaux
au 01/01/2012.
DRIHL de Paris, 2013

파리 자치구별 임대주택 보유 비율
색상이 짙을수록 임대주택이 높은 지역임을 나타내는데 동측 외곽 지역이
현저히 높다.
출처: 파리도시계획연구소(APUR), 2012

절대 주택의 환상에서 벗어나기

슬로 시대의 주택은 집의 겉모양이 아닌 생산 방식의 근본적인 변화를 요구한다. 대형 건설사가 짓는 대규모 아파트 단지에서 벗어나 사람들이 모여 설립한 협동조합이 주체가 되어 집을 지을 수 있다. 또는 집을 더 짓는 것뿐 아니라 셰어하우스처럼 이미 지어진 집을 더 효율적으로 사용할 수 있는 방법을 찾아볼 수도 있다. 그리고 공공에서는 교외에 땅콩집과 같이 땅을 직접 만날 수 있는 소규모 임대주택을 지어 사람들이 임대주택에 살면서도 자신에게 맞는 집을 경험할 기회를 갖도록 지원할 수 있다. 프랑스에서는 노후화된, 대규모 아파트 단지 형태의 임대주택을 철거하고 그 부지를 활용해 단독주택형 임대주택을 공급하기도 한다.

무엇보다 가장 중요한 것은 아파트 불패 신화나 아파트는 '절대 주택(영화 '반지의 제왕'에서 모든 반지를 다스리는 절대 반지에 상응하는 개념)'이라는 고정관념에서 벗어나는 것이다. 일단 다양한 형태의 주택을 접해보면 어떤 집이 내 라이프 스타일과 맞는지 고를 수 있다. 기계화되고 고층화된 우리나라 아파트에는 '라인'이라는 독특한 문화가 있다. 엘리베이터로 이동하는 아파트에선 벽을 마주한 옆집은 몰라도 위아래 집과는 수직적 커뮤니티가 발달한다. 이젠 아파트 라인 중심 문화에서 벗어나 땅과 접하고 옆집과 인사를 나누고 살 수 있는 집을 지을 방법을 찾아볼 시기이다.

롯데리아에서 런치 메뉴로 나온 2000원짜리 햄버거나 서래마을에서 30분 동안 줄을 서서 먹는 2만 원짜리 수제 버거나 같은 버거임에

01

02

03

01 파리 클리시 바티뇰 지구에는 대학생 대상
임대주택과 일반 주택이 섞여 있고, 저층에는
보육 시설이 위치한다. 최근 임대주택은 대학생,
노년층과 같은 특정 계층을 대상으로 이들에게
필요한 복지 서비스를 함께 제공하여 맞춤화,
복합화되고 있다.

02 파리 클리시 바티뇰 공동주택에 쓰인 외장재.
꽃 모양으로 펀칭된 금속 패널을 사용해
고급스럽고 새로운 느낌을 전해준다.

03 어쩌면 아파트 자체는 문제가 아닐 수도 있다.
새롭고 다양한 해답을 찾으려는 노력이
부족한 게 문제가 아닐까.

는 틀림없다. 아무리 고급스러워져도 햄버거는 햄버거이다. 패스트푸드점에 앉아서 먹는 시간도 부족해 드라이브 스루(drive through)로 포장해 가는 요즘 세상이지만, 한편에선 외식도 채식 뷔페 위주로 변해 가고 아웃백스테이크도 매장을 축소하는 변화가 일고 있다.[13] 이미 다른 소비 분야에선 다품종소량생산을 생존 전략으로 쓰고 있다. 우리나라 주택도 최상층엔 다락방을 주거나 1층엔 테라스를 주는 약간의 변형이 가미된 아파트나 도시형생활주택 같은 기존 형태를 답습하는 주택이 아닌 건강한 삶을 담을 수 있는 새로운 주거 형태로의 변화가 필요한 시점이다.

아파트에서 태어나 평생 아파트에서 산 많은 사람들은 '과연 아파트가 주는 편리함을 포기할 수 있을까', '굳이 불편하게 단독주택에서 살 필요가 있을까' 자문하며 주저한다. 하지만 햄버거 종류를 열 개쯤 내놓은 식단에서는 아무리 고급이라 해도 햄버거밖에 고를 수 없다는 한계가 있다. 아파트를 떠나서 산다는 건 상상할 수 없다고 얘기하는 건 애초부터 다양한 주택을 접하기 어려운 환경에서 살았기 때문이다.

많은 도시들이 지속 가능한 도시를 만들기 위해 자동차 이용을 줄이고 커뮤니티를 살리려 노력하고 있다. 거창하게 뉴어바니즘이나 포스트모던 스타일의 도시

오랜 시간을 담고 있는 주택은
풍요롭고 깊이 있는 모습을 보여준다.

라 이름 붙이지 않아도 사람이 살기 편안한 방향으로 도시는 회귀하고 있다. 거리가 살아나고, 활기 넘치는 매력적인 도시가 되기 위해선 폐쇄적인 그들만의 단지가 아닌 도시와 소통하는 집의 형태로 변해야 한다. 패션에서 복고가 유행하고 카페에서 7080 음악이 유행하듯, 집도 과거의 모습으로 돌아가고 싶은지도 모른다. 이러한 변화는 필연일 수도 있다.

02

café

카페

09:40

클로딘

생플라시드 광장
카페 델마

*Café Delmas,
Place Saint-Placide*

역시 파리의 아침은 카페에서 마시는 에스프레소 한 잔과 갓 구운 팽오쇼콜라로 시작해야 제격이다. 평일엔 평일대로, 주말엔 주말대로 아침을 시작하는 많은 사람들로 파리의 카페는 비어 있는 법이 없다. 바쁜 아침에 잠시 들르는 카페는 2~3유로로 하루를 근사하게 시작하는 방법이다.

"Bonjour. Que desirez-vous?"
(안녕하세요. 무얼 드릴까요?)

흰 드레스 셔츠 차림에 말끔하게 머리를 넘기고 검은 앞치마를 맨 종업원이 다가와 물 한 잔, 유리 재떨이, 메뉴판을 내려놓으며 말한다. 카페 종업원은 항상 방금 다린 듯한 하얀 셔츠를 입고 그 위에 베스트를 입거나 타이를 맨다. 깔끔한 옷차림에 능숙하고 세련된 몸놀림과 손동작은 아침을 한층 더 상쾌하게 해준다.

평소처럼 에스프레소 한 잔과 팽오쇼콜라를 시킨다. 에스프레소 1.6유로, 팽오쇼콜라 1.5유로를 더하면 3.1유로. 파리 시내 지하철 티켓이 1.7유로인 걸 생각하면 괜찮은 가격이다. 관광지에는

스타일 좋은 카페 종업원들의 숙련된 서비스 덕분에 파리의 카페는 더욱 근사해진다.

카페 *café*

뤽상부르 공원 앞 카페의
일요일 오전 풍경.
점심시간 무렵이면
빈자리를 찾기 힘들다.

커피 한 잔에 4~5유로인 곳도 있지만 일반적인 가격은 아니다. 대개 에스프레소는 2유로 이하고, 아침엔 커피와 크루아상을 1.9유로에 파는 카페도 여기저기 늘어나고 있다. 아무래도 불경기 여파인가 보다. 그렇다곤 해도 파리의 카페는 서민들이 즐기기에 그리 비싸지는 않다.

주말 이른 시간인데도 벌써부터 사람이 많다. 특히 테라스에는 빈 테이블이 몇 개 없다. 우리나라 사람들은 참 카페를 좋아한다. 이렇게 카페를 좋아하는 사람들이 있을까 싶다. 날씨가 흐리면 흐린 대로, 좋으면 좋은 대로 정말 빈자리가 하나도 없을 정도로 카페는 늘 사람들로 북적댄다. 드디어 커피가 나왔다. 역시 커피 한 잔에는 도시의 풍경을 바꾸는 마법이 있는걸.

카페는 파리 풍경에서 떼어낼 수 없는 요소이다. 오래된 도시 사진을 봐도, 프랑스 혁명 이야기를 들어도, 사르트르와 보부아르의 책을 읽어도 그 배경엔 항상 카페가 자리하고 있다. 하지만 카페의 기원은 동양이라니 아이러니하다. 카페가 없는 파리는 상상하기 힘들다. 파리 거리를 채운 활력을 카페가 아니면 무엇이 대신할 수 있을까?

파리의 카페는 다닥다닥 붙어서 가벼운 비닐 의자들을 거리를 향하게 내놓은 게 특징이다. 색깔이나 모양이 조금 다르긴 하지만 의자와 테이블은 거의 비슷한 크기다. 옆 테이블과는 워낙 가까워 앉아 있다 보면 옆 사람이 하는 얘기까지 들을 수밖에 없다. 특히 테라스 쪽 의자는 거의 거리를 보고 쭉 놓여 커피를 마시러 온 일행보다는 밖을 바라보게 된다. 하긴 이곳 카페엔 혼자 잠시 들러 커피 한 잔을 앞에 놓고 지나가는 이들을 바라보는 사람들도 꽤 많다. 그들이 카페에 오는 목적은 커피가 아닌 도시와 만나기 위해서일지도 모르겠다.

그래서인지 사람들은 테라스를 선호한다. 공간이 좁아도 카페는 망설이지 않고 의자와 테이블을 내놓는다. 폭이 넓은 거리에 면한 카페는 비가 오거나 추운 날에도 테라스에서 거리를 바라볼 수 있도록 차양을 치거나 유리로 구획된 확장된 카페 공간을 만든다. 변덕스런 파리 날씨가 전하는 우울한 분위기를 피하려 다들 카페로 나오는 걸까?

지금은 카페가 도시의 일상에 작은 활력을 주는 공간이지만, 옛날에는 지금과는 매우 다른 모습이었다고 한다. 한때는 세련된 귀족의 사교 공간이었고, 프랑스 혁명이 논의된 장소이기도 하다는 걸 카페에서 커피를 마시며 신문을 보는 우리 중 얼마나 기억하고 있을까?

카페를 이용하는 사람들의 모습은 시간대에 따라 달라진다. 오전엔 출근길에 들른 사람들이나 커피를 앞에 놓고 신문을 보는 할아버지들로, 오후엔 커피를 마시며 담소를 나누는 사람들로, 저녁엔 가벼운 식사를 하거나 맥주나 와인 한잔을 기울이는 사람들로 더욱 북적거린다.

01
02

03

01 파리 카페의 테라스 좌석은 대부분 거리를 바라보도록 배치되어 있다.

02 해가 비치면 사람들은 카페 테라스에 앉아 볕을 쬔다.

03 비가 자주 오는 파리 날씨 때문인지 이곳의 카페는 적극적으로 야외 공간을 사용한다.

04 작은 모자이크 타일을 하나하나 붙여 만든 카페 외벽에서 장인의 손길이 느껴진다.

04

스타벅스, 코스타커피 같은 프랜차이즈 카페도 점차 늘어나지만 그래도 아직까지 파리엔 작은 카페들이 대부분이고 아메리카노보다는 에스프레소가 기본이다. 가끔 저렇게 많은 카페들을 보면 궁금해진다. 파리엔 도대체 몇 개나 되는 카페가 있는 걸까? 그리고 저 많은 카페에서 커피를 마시는 사람들은 하루에 몇 명이나 될까? 카페에 앉아 있는 많은 사람들은 어디서 흘러와 매일 저녁 어디로 가는 걸까?

카페 *café*

지우

안국역
스타벅스

유리문을 미는 순간 코끝 가득 감도는 커피 향에 행복해진다. 주말 아침이라 그런가? 평소와는 다르게 카페가 텅 비어 있네. 보통 출근 시간에는 항상 줄을 서야 하는데. 머릿속에 이미 다 정리되어 있는 메뉴지만 그래도 한 번 더 메뉴판을 쳐다본다. 평일 아침처럼 아메리카노 톨 사이즈를 주문하려 주문 직전 마음을 바꿨다.

"카페모카에 휘핑크림 얹어주세요."

토요일 아침은 그래도 뭔가 달라야 하니까. 커피값 5100원. 포인트를 적립하고 창가에 자리를 잡았다. 아직까지 사람이 많이 없어 원하는 자리에 앉을 수 있구나. 스마트폰으로 메일을 확인하는데 종업원이 부르는 소리가 들린다.

"주문하신 카페모카 나왔습니다."

근데 언제부터 셀프가 유행이었지? 프랜차이즈 커피 전문점에선 손님이 카운터에서 직접 주문하고 커피도 손님이 가져온다. 음식점에선 보통 셀프서비스를 하는 곳이 가격이 싼데, 커피 전문점은 오히려 그 반대다. 비싼 프랜차이즈 커피 전문점이 셀프서비스로 운영되는 건 무슨 이유에서일까? 자리로 돌아와 시계를 보니 9시 55분. 약속

스타벅스지만 안국동의 정취를 물씬 느낄 수 있다.

시간까지 아직 여유가 있다.

이젠 우리나라 어딜 가도 카페가 없는 곳은 없다. 그냥 카페가 아니라 예쁘고 세련된 카페가 정말 많다. 삼청동에는 아기자기한 카페가많고 홍대 앞엔 독특한 카페가 많다. 가로수길은 말할 것도 없다. 굳이 예쁜 카페가 많은 동네를 찾지 않아도 어느 곳에나 들어가고 싶은카페가 잔뜩 눈에 띈다.

대학생 시절엔 과제를 하거나 친구들과 끝없이 수다를 떠느라 카페에서 온종일 보내기도 했다. 그땐 작고 예쁜 카페를 찾아다니기도 했지만 이젠 아무래도 프랜차이즈 카페가 편안하다. 약속 장소로 잡기도 편하고, 작은 카페와는 다른 쾌적함과 안락함이 있다. 게다가 동네의 작은 카페는 주로 낮에 열지만 스타벅스, 카페베네 등은 이른 시간부터 열어 출근길을 가볍게 만들어준다.

카페에도 유행이 있는지 한동안 깔끔한 원목 인테리어가 대세더니점점 고급스러운 인테리어와 가구로 바뀌는 느낌이다. 점차 비싸지는 커피값에 맞는 분위기를 제공하기 위한 것일 수도 있겠다. 와이파이와 냉난방이 갖춰져서인지 요즘엔 카페에서 일하거나 공부하는 사람들이 꽤 많다.

프랜차이즈 카페에선 커피나 다양한 상품을 살 수 있다. 예전엔 로고가 찍힌 컵과 텀블러 정도를 판매했었는데 최근엔 유명 연예인의 작품을 상품으로 별도 제작해서 판매하기도 한다. 외국선 자동차 매장이 커피를 팔기도 하고 가방이나 구두를 파는 편집샵에서도 커피를 팔던데, 우리나라의 카페도 점차 비슷한 분위기로 가는 것 같다. 문화의 복합화라 표현할 수 있을까?

요즘은 주택가 골목에도 카페가 생긴다. 1인 창업이 가능한 매력적인 아이템이라 그런가? 확실히 카페가 들어오면 동네 분위기가 좋아진다. 밤에 불빛이 비치는 것도 반갑고, 사람들이 커피 잔을 사이에

컬래버레이션 형태로 연출된 샹젤리제 거리의 르노 자동차 전시장 겸 카페.
자동차 관련 소품도 함께 판매한다.

놓고 얘기하는 모습을 보는 것도 정겹다.

생각해보니 카페가 많아지면서 우리의 일상도 조금씩 바뀌는 것 같다. 브런치 카페가 인기를 끌고 누구나 출근길엔 테이크 아웃 커피를 손에 들고 다닌다. 이젠 우리나라가 유럽보다 더 유럽화된 문화를 즐기는 것 같다. 비엔나 커피를 마시려면 비엔나가 아닌 한국에 와야 한단 사실을 언젠가 유럽 친구가 생기면 알려줘야겠다.

02

café

카페

2유로로 도시의
주인공이 되는 법

누구나 갈 수 있는 그곳

2유로. 한국 돈으로 2600원. 크다면 클 수도 있지만 하루가 풍요롭고 우아해진다면 그 정도 금액엔 관대해질 수 있다. 하루 커피값 3000원을 한 달간 모으면 약 10만 원, 그 돈을 다시 10년간 모으고 거기에 복리 이자가 더해지면 1500만 원 정도 되려나? 하지만 사람은 그렇게 먼 미래의 이익을 위해 10년이란 시간을 저당 잡혀 살 수 있는 메마른 존재가 아니다. 친구를 불러내 오늘의 외로움을 호소하고 싶을 때, 엉켜버린 털실 뭉치 같은 머릿속을 정리하고 싶을 때 어딘가 분위기 좋은 곳이 필요하다. 그래서 우리는 카페에 간다. 글자 그대로는 카페(커피)를 판매하는 공간이지만 우리는 음료를 마시는 행위보다는 공간이 필요해서 카페를 방문한다.[1]

17세기부터 카페 문화가 발달한 프랑스에서 카페는 상류층과 서민이 모두 갈 수 있는 공간으로 많은 사람들의 사랑을 받았다. 초기에는 귀족들이 모여 동양의 귀한 음료를 마시던 사교 장소였으나, 귀족들의 생활과 호화로운 공간에 호기심을 지닌 서민들 또한 방문하기 시작하면서 카페는 귀족과 서민 구분 없이 모든 사람이 갈 수 있는 곳이 되었다. 귀족도, 서민도, 도둑도, 혁명가도 모두 카페로 모여들었다. 누군가는 정치에 관한 자신의 소신을 크게 외치고, 누군가는 뜬소문을 퍼트리고, 누군가는 이 말을 듣기 위해 모여들었다.

평일에는 하루 일을 마친 사람들이 찾았고, 주말이면 아내를 교회에 데려다준 남편들이 함께 술을 한잔하며 아내를 기다리기도 했다. 19세기 당시 도시 노동자의 주거 현실은 비참하기 짝이 없어 방 한 칸에 여러 식구가 모여 자기 일쑤였는데, 빛도 들지 않는 좁고 열악한 거주 공간에서 벗어나 밤 시간에 서민들이 갈 곳은 카페가 전부였다고도 할 수 있다.

이처럼 프랑스에서 카페가 모든 사람의 사랑을 받을 수 있었던 것은 무엇보다 가격 때문이다. 누구나 술 한 잔, 커피 한 잔 값만 있으면 들어가 사람들과 어울릴 수 있었다. 게다가 미디어가 지금처럼 발달되지 않은 19세기에 카페는 세상 돌아가는 소식을 접할 수 있는 유일한 공간이었다. 이러한 이유로 카페는 모든 사람이 모이고 만나는 도시의 중심 공간이 되었다.

관찰, 노출, 소통의 공간

한편 상류층에게 카페는 다른 성격의 장소로 이용되었다. 19세기가 되면서 카페 드 라 페(Café de la paix, 평화의 카페)와 같이 웅장한 규모와 호화로운 장식을 자랑하는 카페가 등장한다. 카페 드 라 페는 오페라 가르니에 옆에 위치한 르 그랑 호텔 내에 자리 잡았는데 이 호텔은 책 읽는 방 45개와 침실만 약 700개를 갖춘 초호화 공간이었다.

새롭고 호화로워진 카페는 상류층의 사교 장소로 더욱 사랑받게 되는데, 산업혁명 이후 풍부해진 상품 속에서 유행에 따라 한껏 꾸민 여성이 자신의 모습을 남에게 드러내기 위해 가는 곳이 바로 이러한 고급 카페였다. 당시 상류층에게 카페는 세련되게 꾸민 나를 남들에게 보여주고 동시에 남들을 바라보기 위해 가는 일종의 런웨이였다. 이런 모습은 오늘날 청담동과 가로수길 카페에서도 나타난다. 최신 유행을 자신만의 스타일로 시크하게 소화한 이들에게 카페는 나의 감각을 전시하면서 또 다른 스타일을 스캔하는 장소가 된다.

프랑스에서 카페는 상류층과 서민층, 지식인 모두에게 열렬히 사랑받은 장소라는 특징을 지닌다. 우리나라에서도 1920년대 후반부터 영화인, 문인 들을 중심으로 새로운 도시의 근대성을 표상하는 장소로 카페가 생겨났지만, 1930년대 후반에 들어서는 샐러리맨부터 학생에 이르는 다양한 사람이 모여드는 장소로 대중화되었다.[2]

그들이 상류사회에 속했건 도시 노동자이건 지식인이건 카페에 오는 목적은 동일했다. 자신의 이야기를 하고 남의 이야기를 들으며, 타인에게 나를 드러내고 남을 바라보고자 하는 인간의 기본적인 욕구를 채우기 위해서다. 17세기나 지금이나 카페는 관찰과 노출, 그리고 소통의 공간이다.

아직도 프랑스의 카페는 저렴한 편이다. 에스프레소는 대개 2유로를 넘지 않는다. 주머니 속에 작은 동전 두 개만 있으면 누구나 운치

01

02

01 1766년 문을 연 센 강변의 카페
Maison Parisienne.
당시 이곳엔 멋진 옷차림의 상류사회
여성들이 드나들었음을 알 수 있다.

02 파리 6구 오데옹 근처에 위치한
카페 Bouillon Racine 1층.
공간과 가구의 형태, 장식, 색감을 통해
아르누보 양식을 잘 보여준다.

03 Bouillon Racine 2층. 1층에 비해
식물 모티브의 철제 장식이 더 두드러진다.

03

있는 카페 테라스에 앉아 도시의 주인공이 될 수 있다. 햇빛 비치는 카페 테라스에 에스프레소나 와인 한 잔을 놓고 앉아 있으면, 지나가는 사람도 그를 바라보는 나도 도시를 배경으로 모델이 된다.

대체 소비가 주는
만족감

기분을 파는 '〜체'하는 공간

우리나라의 모든 발전과 변화가 압축적이듯, 우리나라의 카페 또한 짧은 시간에 다양한 모습으로 변화했다. 영화감독 이경손은 1927년에 카카듀를, 화가 김영규와 배우 심영은 1929년에 멕시코를 종로에 여는데 이를 시작으로 카페와 다방은 우리 도시의 일부분으로 자리 잡게 된다. 1930년대에는 엔젤, 릴리, 낙원회관, 왕관, 아리랑, 아폴로와 같은 다방들이 빠르게 퍼져나갔다. 처음부터 다방으로 운영하기 위해 건물을 짓기도 했고, 별도의 자본금을 가지고 다방을 설립해 근대적 사업 구조를 바탕으로 다방을 운영하기도 했다.[3]

당시 유럽식 살롱을 동경하던 예술가들에게 다방은 토론과 사교의 장이었다. 이들 사이에서 창백한 얼굴로 다방에 앉아 하루 종일 사색하는 모습이 유행하기도 했다. 이러한 현상에 대해 고 유진오 소설가는 다방을 '차를 파는 공간'과 '차를 마시는 기분을 파는 공간'으로 나누고 예술가들이 드나드는 다방은 '기분을 파는 다방'으로 평했다.[4] 다방은 이 시절부터 단순히 차를 마시는 곳을 넘어선다. 차를 마시는 행위가 멋을 부리고 젠체하는 의미를 동시에 지니게 된 것이다.

다방은 광복 이후 1950년대부터 급격히 인기를 얻으면서 널리 퍼졌고 대중적인 만남의 장소로 애용됐다. 1961년 당시 서울의 다방 수는 1,086개였는데, 50여 년이 지난 2012년 서울의 커피 전문점 수가 2,170개로 겨우 두 배 늘어난 것을 보면 당시 다방의 얼마나 인기가 높았는지 알 수 있다.[5]

1960년대부터는 음악다방이 퍼지기 시작해 젊은이들은 이 공간을 중심으로 클래식과 서양 대중음악을 접했다. 당시 다방에선 엘피판을 선곡해서 틀어주는 디스크자키가 유행했는데, 7080 문화를 아는 사람들은 어두운 다방에서 신청곡을 적은 쪽지를 보내놓고 언제 그 노래가 나올까 기다렸던 기억이 있을 것이다.

한편에선 어지러운 시국과 조국의 열악한 현실에 대한 열띤 토론이 이어졌다. 그러나 시대가 바뀌어 점차 다방이 사라지고 카페나 커피 전문점이란 단어가 일반화되면서 우리나라의 카페 문화도 서양화되었다.

다방은 비교적 임대료가 싼 지하나 2, 3층에 주로 위치했다. 의자는 무거운 소파였고 내부에 파티션을 치기도 해, 주로 어둡고 폐쇄적인 분위기였다. 1990년대 초반 커피 전문점이란 이름으로 1층 가로변에 전면 유리를 설치한 카페가 등장하며 환한 햇빛과 가로 전경이 카페 내부로 들어오고, 카페 내부도 거리로 환히 내보이게 되었다. 카페가 점차 인기를 얻자 카페 거리도 생겼다. 서울 삼청동이나 분당 정자동처럼 차양과 테라스를 설치한 카페가 가로를 따라 쭉 들어서면서 우리 도시에도 유럽 도시와 같은 아기자기한 가로가 만들어지기 시작했다.

한국 카페의 브랜드화, 고급화

유럽과 비슷해지던 우리나라 카페는 다시 한 번 독특한 모습으로 변하게 된다. 1999년 스타벅스가 들어온 이후 커피빈, 카페베네와 같은 대기업 프랜차이즈 커피 전문점이 잇달아 개점하면서 카페는 브랜드화되기 시작했다. 이들 카페는 동네 카페와는 차별화되는 고급스러운 서비스를 제공하지만 한편으론 맥도날드와 같이 어느 지역에나 같은 간판을 내거는 특징을 지닌다. 이곳에선 규격화, 표준화된 커피와 서비스를 제공한다.

우리나라 프랜차이즈 커피 전문점의 커피 가격은 파리의 일반 카페 커피 가격과 비교하면 두 배 정도 비싸다. 샹젤리제와 같은 관광지를 제외하면 파리 중심가에서도 에스프레소는 거의 1.5유로, 우유가 들어간 카페 크렘은 2.5유로 정도지만 우리나라 스타벅스에선 아메리카노 톨 사이즈가 4000원을 넘고, 스페셜 커피는 7000원을 훌쩍 넘어간다. 그리고 실제 물가까지 감안하면 가격 차이는 조금 더 커진다.

그렇지만 단순히 가격만 놓고 서울의 커피값이 너무 비싸다고 단정지을 수는 없다. 서울의 카페에선 파리와는 다른 서비스를 제공한다. 여유 있고 세련된 공간에 분위기 있는 조명과 음악, 넓고 편안한 소파, 쾌적한 냉난방과 와이파이가 제공된다. 같은 면적의 카페에 놓인 의자와 수용하는 고객 수를 따지면 서울의 카페가 두 배 이상 여유 있는 면적을 고객에게 제공하므로 커피값이 더 비싼 게 논리적으로 맞다는 생각도 든다.

1930년대 문인들이 그랬듯 오늘날 우리가 카페에서 소비하는 것은

01

02   03

04

01 건축물 자체가 현대적 조형물로
느껴지는 삼청동 스타벅스.

02, 03 우리나라 어느 도시,
어느 동네에서나 같은 모습으로 반기는
프랜차이즈 커피 전문점.

04 커피를 사랑하는 사람들은 한 번쯤
가본다는 강릉 테라로사.
이제는 서울에도 지점이 여럿 있어 굳이
강릉까지 가지 않아도 이곳의 커피를
맛볼 수 있다.

단순히 커피가 아닌 공간의 분위기와 문화다. 비싼 커피를 앞에 두고 멋진 카페에 앉아 있으면 대체 소비에 의한 만족감이 든다. 집값이 너무 올라버리면 돈을 모아 집 사는 것은 포기하고 상대적으로 싼 자동차를 구입하는 것으로 만족하는 심리와 비슷하다. 백화점에 점찍어둔 신상 원피스나 구두를 사지 못할지라도 비싸고 고급스런 카페에서 커피 한 잔 정도는 마실 수 있는 것이다.

커피가 좋아 카페에 가는지, 카페가 좋아 커피를 마시는지 가끔 헷갈리는 것처럼 카페의 분위기가 좋아 오래 있게 되고 그로 인한 낮은 회전율 때문에 커피값이 비싸진 것인지, 커피값이 비싸므로 그에 상응하는 환경을 제공하기 위해 점차 카페가 고급화되는지 판단하기는 쉽지 않다. 어쨌든 우리나라 카페에는 파리 카페에서 흔한 비닐 의자가 다닥다닥 놓여 있지 않다. 그리고 커피값은 한 끼 밥값과 비슷할 정도로 상당히 비싸다.

하긴 테라로사에서 커피 한 잔을 마시기 위해 강릉까지 찾아가는 커피 애호가들이 꽤 많은 걸 보면, 우리나라의 커피 문화가 서양보다 훨씬 발달했고 고급스럽다고도 할 수 있다. 조금 비싼 가격을 지불하더라도 그에 따른 서비스로 소비의 욕구를 충족하는 것. 그것 또한 현대 도시 속 카페의 기능이다.

3

프랑스 카페에는 있지만
한국 카페에는 없는 것

담배, 우표, 버스표를 한 번에 사는 방법

우리나라의 카페는 문화 공간의 성격이 강하다. 100년 가까운 역사 속에서 다양한 카페가 발달하고 사라졌지만 차 한 잔을 앞에 두고 일상을 얘기하는 공간의 모습은 변하지 않았다. 반면 프랑스의 카페는 좀 더 복합적인 기능을 담고 있는데, 생활필수품을 판매하는 등 좀 더 생활에 밀접한 편이다.

소르본 광장의 카페 타바크.
흔히 '당근'이라 불리는 빨간색 간판을
달고 있다.

프랑스 카페는 우리나라 구멍가게처럼 담배와 우표 등을 함께 판매하는 '카페 타바크(café tabac)'와 음료를 판매하는 '데비드 부아송(débit de boisson)'으로 구분된다. 타바크는 신문, 담배, 우표, 수입인지, 대중교통 티켓(프랑스에서는 동일한 표로 버스와 지하철을 이용한다) 등을 판매한다.

프랑스 사람들은 아침 출근길에 카페에

우표나 담배, 버스표가
필요하면 이곳에 들어가면 된다.

들러 커피를 마시고 담배나 우표를 사면서 하루를 시작하고, 저녁에는
로또를 한 장 사서 맞춰보거나 술 한 잔을 앞에 놓고 경마 경기를 보면
서 하루의 피로를 푼다. 프랑스 카페는 시간대에 따라 모습과 분위기
가 바뀐다.

프랑스 카페의 다양한 이름

프랑스 카페엔 있고 한국 카페에 없는 것이 또 있는데 바로 술이다. 프
랑스 카페에선 와인, 맥주, 칵테일, 코냑, 샴페인 등 다양한 주류를 판
매한다. 반면 우리나라 카페에서는 보통 술을 팔지 않는다. 그래서인
지 우리나라와 프랑스의 카페 문화는 상당히 다르다.

　일어나는 행위가 달라지면 장소의 이름도 달라지게 된다. 비교적 단
일한 기능과 차를 마시는 초기의 성격이 유지된 우리나라 카페는 다
방, 다실, 커피 전문점 등의 명칭에서 알 수 있듯 항상 차나 커피를 이
름에 담고 있다. 프랑스의 카페는 비스트로(bistro), 카바레(cabaret),
브라스리(brasserie) 등 이름이 다양하다. 카페만큼이나 프랑스에서 흔
히 쓰이는 단어인 '비스트로'는 19세기 초 프랑스를 잠시 점령했던 프
러시아 군에 의해 도입된 말로 '빨리(vite)'를 뜻하는데 간단한 음식을

빠른 시간 안에 먹을 수 있도록 판매하던 곳에서 사용되기 시작했다고 한다. 저렴한 음료 가격, 서서 마시는 바 등의 특징을 지닌 비스트로는 19세기 후반부터 파리에 널리 확산되기 시작했다.

한편 몽마르트르 언덕의 물랭루주(Moulin rouge)를 통해 우리에게 익숙한 '카바레'는 술을 마시거나 식사를 하면서 극장식 공연을 볼 수 있는 곳으로 축제적인 성격이 강하다. 1860년대 나타난 '브라스리'는 프랑스 전국을 휩쓴 포도나무병으로 인해 그해 와인 생산량이 급감하여 와인 가격이 폭등하자 프랑스 북부와 동부 지역에서 값이 싼 맥주를 마시게 되며 등장했다. 브라스리에선 그 시절 이미 발달한 철로를 통해 알자스 지역의 맥주를 운송받아 맥주와 생맥주를 주로 판매했는데, 프랑스·독일 전쟁에서 1871년 프랑스가 패하고 알자스가 독일로 편입되자 이 지역에서 맥주를 생산하던 브라스리들이 파리로 옮겨 자리를 잡으면서 특히 번창하게 되었다.[6]

프랑스 카페는 술을 파는 공간이기 때문에 공공건강법전(code de la santé publique)에 따라 점포 수가 규제된다.[7] 프랑스에서 주류 판매 장소는 공공의 건강을 지나치게 해치지 않도록 450인당 1개소 이하로 숫자가 제한되는데, 파리에는 이미 카페 수가 한계치에 도달해 기존 카페가 닫아야지만 신규 허가를 얻을 수 있을 정도이다. 하지만 오늘날 프랑스 카페는 수치적 측면에서 1960년대 이후 급속히 쇠퇴하는 추세라 하니 과거 전성기에는 카페가 얼마나 많고 화려했을지 상상할 수 있다.[8]

술을 팔지 않는 한국의 카페는 젊은 세대 중심의 문화 공간으로 매

(좌) 팡테옹 앞 비스트로 간판. 와인, 샴페인이 간판에 써 있다.
(우) 주류를 주로 마시는 비스트로 내부. 밤이 되면 매우 활기를 띤다.

우 세련된 모습이다. 새로운 트렌드를 반영해 인테리어도 메뉴도 빠르게 바뀐다. 카페 종류도 다양해 타로 카페, 고양이 카페, 헌혈 카페가 있는가 하면 북 카페, 키즈 카페도 있다. 반면 프랑스의 카페는 모든 연령층이 모이는 부담 없는 공간으로 소박함과 친숙함을 표방한다. 일상생활에 필요한 소소한 물건을 팔고, 허기를 때울 수 있는 간단한 식사와 곁들일 술도 판다. 길을 걷다 우연히 들어간 파리의 카페에선 아직도 낡은 나무 의자와 인조 가죽 벤치, 아르누보풍 거울과 철제 장식품을 자주 볼 수 있는데, 20세기 초반 카페의 전성기를 떠올리게 해준다. 1900년대 초 파리가 문화적으로 가장 낭만적이고 풍요로웠던 벨에포크 시절이 아직도 파리 구석구석의 오래된 카페에 남아 있다.

카페 *café*

4

르 프로코프, 레 되 마고,
제비다방

프랑스 카페 문화의 탄생

파리에 가면 꼭 들러야 할 카페가 있다. 르 프로코프(Le Procope), 레 되 마고(Les Deux Magots), 카페 드 플로르(Café de Flore), 라팽 아질 (Lapin Agile) 등이다. 파리가 가장 아름답고 풍요로웠던 시절의 문화와 지성이 바로 이곳에서 싹텄다. 물론 우리나라에도 시대를 앞서간 사람 들이 아끼고 머물렀던 카페들이 있다. 이상의 제비다방, 전태일의 은 하수다방 같은 장소들은 한 시대의 문화와 아픔을 대표한 카페로 아직 까지 많은 사람들의 기억 속에 남아 있다.

프랑스에서 카페가 도입된 16세기에는 귀족 계층이 모이는 고급 사 교장의 성격을 지녔으나 곧 서민들도 드나들 수 있게 되면서 대중적 인 공간으로 변화되었다. 이러한 일상적인 카페에 새로운 품격을 부여 한 이가 이태리 시실리 출신의 프로코프이다. 그가 1686년 생제르맹 지역에 연 카페 르 프로코프는 시끌벅적한 싸구려 술집과는 달리 샹들 리에를 달고 대리석 테이블을 두어 고급스런 공간을 연출하고 "사람을 정신적으로 만들어주는 음료"인 커피와 이태리 소르베(sorbet, 아이스크림 종류인 셔벗)를 주로 판매했다. 세련된 콘셉트에 걸맞게 상류층 거주지에 문을 연 카페는 1680년 세계 최초로 건립된 국립극장 코메디 프랑세즈와 가까이 위치하여 예술인과 상류층이 모여드는 장소가 되었다.[9]

르 프로코프가 많은 사람에게 알려지고 사랑받게 되면서부터 프랑스의 카페는 지성인의 토론과 모임의 장으로 자리 잡게 되었다. 18세기에는 볼테르, 루소, 발자크와 같은 프랑스 문학의 대가와 사상가 들이 즐겨 찾았고, 프랑스 혁명 시기에는 로베스 피에르, 장 폴 마라 같은 정치인들이 이곳에서 모임을 가졌다. 르 프로코프는 나폴레옹이 술값 대신 모자를 맡긴 에피소드로 유명한데 지금도 카페 한편에는 나폴레옹의 모자가 걸려 있다.

특히 르 프로코프는 프랑스 혁명의 주역인 당통(Danton)으로 인해

(좌) 1686년 프랑스 최초로 고급 카페 문화를 도입한 카페 르 프로코프.
(우) 르 프로코프의 1층 오른쪽 방.
이 방의 반대편 벽엔 나폴레옹이 맡긴 모자가 전시되어 있다.

카페 *café*

더욱 큰 의미를 갖는다. 혁명 당시 시민 계급을 대표하여 혁명을 주도한 당통은 르 프로코프를 중심으로 자신의 정치적 견해를 펼치며 활동했다. 그는 왕정을 몰락시키고 혁명을 성공으로 이끌었지만 훗날 기요틴의 이슬로 사라지고 만다. 파리의 문화, 관광 중심지인 오데옹에 가면 가장 번화한 가로 중앙에 상 퀼로트(sans culotte, 직역하면 '바지를 입지 않음'이지만 호박 모양 바지를 입는 귀족 계층에 반대되는 서민 복장을 의미하며 동시에 시민 계급을 상징) 복장으로 오른손을 들어 무언가를 가리키는 당통의 동상을 볼 수 있다. 당통이 바라보고 있는 가로에 위치한 르 프로코프는 17세기 이후 프랑스 역사의 산증인이기도 하다.

지성인과 예술가의 터전

사르트르와 보부아르, 헤밍웨이가 자주 들러 지성의 장으로 자리 잡았던 레 되 마고는 르 프로코프와는 또 다른 시대상을 드러낸다. 원래 레 되 마고는 19세기 후반 유행하던 천과 실크 스타킹 등을 팔던 가게였다. 이 가게가 인기를 얻게 되자 실크가 유래한 중국을 연상시키는 이국적인 도자기 인형(magots, 마고)을 가게 이름으로 내세우고 1885년 카페를 연다.[10]

당시 레 되 마고에선 지식인들이 모여 파시즘하의 암울한 유럽의 현실과 앞날을 논의했는데, 사르트르는 매일 이곳을 드나들며 토론하고 『구토』를 집필한다. 그리고 2년 뒤 레 되 마고 바로 옆에 카페 드 플로르가 문을 열자 젊은 문인들은 사르트르의 추종자들로 항상 붐비는 레

01

02

01 사르트르와 보부아르가 항상 수식어로
따라다니는 카페 레 되 마고.

02 레 되 마고 기둥에 달린 두 도자기
인형은 생각만큼 예쁘지 않다.
벽에 달린 남자 어른 인형이라니!

03 카페 드 플로르 바로 옆 건물에
레 되 마고가 있다.

03

되 마고를 피해 이곳을 새로운 아지트로 삼는다. 사르트르도 카페 드 플로르로 자리를 옮겨 『존재와 무』를 집필하고, 이곳에서 프랑스 현대 지성의 대표작이 완성된다.

한편 가난한 예술가들의 터전이었던 몽마르트르 언덕엔 라팽 아질 이라는 유명한 카바레가 있다. 원래 앙드레 질(André Gill)이라는 화가 가 간판을 그려달라는 요청을 받고 그 집의 특기 요리인 토끼를 그려 '질의 토끼(Lapin à Gill, 라팽 아 질)'라는 이름으로 불렸지만, 곧 같은 발음 이라는 이유로 '민첩한 토끼(le Lapin Agile, 라팽 아질)'로 사람들에게 알려

카페 *café*

지게 된다. 이 카페엔 24시간 내내 예술가들이 북적거렸는데, 피카소와 막스 자코브가 대표적이다.

파리가 가장 아름다운 시절 사상, 예술계를 대표하는 인물들의 이야기 속에는 그들이 늘 머물던 카페가 있다. 파리의 명성을 함께 만들었던 카페가 있었던 지역은 가장 파리다운 동시에 가장 세련된 곳으로 변모했고, 오늘날 관광객들과 파리지앵 모두에게 가장 사랑받는 장소가 되었다.

라팽 아질의 간판 그림
Andre Gill, 1893, 몽마르트르 박물관 소장

고종, 이상, 전태일과 카페

우리나라 카페에도 새로운 시대를 알리고 한 시대를 대표했던 인물들이 있다. 이들이 활동했던 카페가 위치한 지역은 문화의 중심지였다. 19세기 말 고종 황제에게 가베라는 이름으로 커피가 사랑받은 이후, 카페와 관련해서 가장 유명한 사람은 천재 시인 이상이다. 그는 쯔루, 식스나인과 같은 여러 다방을 열었는데, 그중 1933년부터 1935년까지 연인 금홍과 함께 운영한 제비다방은 당시 신지식인과 예술인이 모여들던 곳이다. 건축학도이기도 했던 그가 직접 설계한 제비다방은 그 시절 흔치 않은 전면 유리를 사용한 모던한 공간이다.[11]

한편 우리나라 노동운동의 기폭제 역할을 한 전태일 열사의 이야기

도 다방을 배경으로 한다. 당시 평화시장에서는 어린 여공들이 재봉시다(보조)로 하루 14시간씩 일하고 일당 70원을 받았다. 다방에서 파는 차 한 잔 가격과 비슷한 수준이었다. 이처럼 비참한 노동자들의 삶을 개선하기 위해 전태일은 노동운동을 시작했는데, 그와 여공들이 처음 모임을 가진 곳이 동화시장 3층에 자리한 은하수다방이다. 이후 전태일은 3만 평화시장 노동자들의 인권 보장을 외치며 1970년 11월 13일 근로기준법 화형식과 함께 23살 나이에 분신했다. 그의 죽음은 큰 반향을 가져와 노조 형성의 시발점이 되었고, 노동자의 인권이 우리 사회에 인식되기 시작했다.[12]

한편 1956년 문을 열어 대학로에 건재하고 있는 학림다방은 4·19 혁명과 5·18 민주화운동의 산증인이다. 당시 대학로에는 서울대학교 문리대가 있었고, 학교 맞은편에 위치한 학림다방은 '제25 강의실'이라고 불리기도 했다. 당시 학생운동의 집결지였던 이곳은 김지하, 홍세화와 같은 우리나라를 대표하는 지성들의 보금자리였다.

1956년 처음 문을 연 학림다방은 서울시 미래문화유산으로 지정되었다.

대학로의 상징이던 붉은 벽돌 건물과 소극장 들은 어느샌가 밀려나고 패밀리 레스토랑과 상점으로 가득한 대학로에서 학림다방은 옛 기억을 간직한 채 거리의 정체성을 유지하고 있다.

5

노천 테라스와
공공 공간

유럽 도시의 낭만, 노천 테라스

프랑스 카페와 한국 카페의 가장 큰 차이점은 노천 테라스이다. 파리의 카페는 대부분 길을 향해 의자와 테이블을 내놓는다. 게다가 겨울에는 비닐 천막을 내리거나 아예 유리 접이문으로 막아 가로를 점용한다. 반면 한국의 카페는 가로와 이처럼 적극적인 만남을 갖지 못한다. 서양의 도시는 광장 문화를 중심으로 발전했고, 우리 도시에는 전통적으로 광장이란 공간이 없었기 때문이다.

서양에선 로마 시대부터 사람이 모이는 포럼을 비롯해 왕궁이나 성당, 시장 앞에 광장이 조성되었다. 유럽 도시의 광장은 성당과 같이 많은 사람이 모이는 곳에 통행이 막히지 않도록 하기 위해 조성되기도 했고, 기념비적 건물과 구조물이 잘 보이도록 일정한 거리의 빈 공간을 확보하는 기능도 지니고 있다. 유럽 도시 한복판에 보면 왕의 동상이 있고 주변에 광장이 있는 경우가 많은데, 이때 광장은 왕의 동상을 사방에서 잘 바라볼 수 있도록 하기 위해 만들어졌다.

이처럼 조성된 광장을 중심으로 카페가 모여들기 시작했다. 공간이

풍피두 센터 옆 스트라빈스키 광장.
광장을 둘러싼 건물의 1층은 으레
카페로 가득하다.

넓기 때문에 카페 앞에 의자를 잔뜩 놓기도 사람들이 모이는 것도 부
담스럽지 않았고, 사람들을 대상으로 다양한 공연을 펼치기도 적합했
다. 유럽 도시를 가보면 유명한 광장을 둘러싼 건물 1층은 어디나 카페
로 채워져 있다. 이런 광장 중심의 카페 문화가 거리로 확산되어 유럽
도시의 가로는 카페 테라스로 흔히 사용된다.

공공 공간을 카페 테라스로 써도 될까?

관광객이 보기에 카페와 테라스로 가득 찬 유럽 도시의 가로는 매력적
이다. 하지만 가로를 카페 테라스로 활용하는 문제는 생각보다 단순하
지 않다. 가로는 도시계획상 도로에 속하는 공공 공간이다. 시민의 세
금으로 조성되고 유지되는 가로를 사유 상업 시설인 카페의 테라스로
이용하는 게 바람직할까?

관련해 프랑스와 우리나라는 조금 다른 입장을 취하고 있다. 프랑스
에서 개인이 도로를 사용할 수 있는 경우는 두 가지이다. 첫째는 카페

카페 *café*

나 음식점 등이 도로 일부를 사유 공간처럼 사용하는 것인데 물론 허가를 받아야 한다. 카페 테라스나 상품 판매대를 놓을 때뿐 아니라 통행에 방해를 줄 수 있는 은행 현금 지급기나 판매대가 가로에 면한 샌드위치 가게, 아이스크림 가게 등도 허가를 받아야 한다는 게 재밌다.[13] 둘째는 허가를 받고 도로에 자동차를 주차하거나 정차하는 경우이다.

첫 번째 경우에는 '공공 영역 점용 허가(occupation du domaine public par un commerce)'를 받아야 한다. 점용 허가를 받으면 사업주는 공공 공간을 사용하는 비용을 시청에 지불해야 하는데, 사용료는 점유하는 면적과 용도, 사용 시간에 따라 달라진다. 또한 시설이 점유하는 도로의 가치에 따라 가격이 다르게 정해진다. 이 허가는 일시적으로만 효력을 인정받기 때문에 '임시 점용 허가(AOT, autorisation d'occupation temporaire)'로 불린다.

임시 점용 허가는 법에 의해 운용 규칙이 세밀하게 정해져 있는데, 통행에 방해가 되어선 안 되고 특히 휠체어 이용자나 시각장애인, 구급차 등의 이동을 방해하면 안 된다. 또한 주변 시설이나 주민에게 피해를 주지 않도록 조용한 환경을 유지해야 한다. 마르세유의 카페 테라스를 위한 지침에는 "모든 공공 공간 이용 행위는 도시의 매력과 즐거움을 강화하고, 도시에 조화로운 방식으로 다양한 기능이 공존하는 것을 목적으로 한다. 그리고 무엇보다 카페나 레스토랑의 테라스를 통해 공공 공간을 도시의 교류와 공유의 공간으로 활용하고, 도시의 활력을 유지하는 기능을 수행해야 한다"고 정리하고 있다.[14]

프랑스 가로에 많은 카페 테라스가 있어 도시의 활력을 높일 수 있는 건 세밀한 허가, 운용 규정이 있기 때문이다. 우리나라에서도 가로 공간에 카페 테라스를 조성해 적극적으로 활용하도록 하고 가로 경관의 매력과 거리의 활력을 높이자는 주장이 많이 나오고 있다. 그러나 아직까지 공공 공간인 도로를 상업 시설이 활용하도록 허락하고 비용을 받아 공적 용도로 사용하는 구체적인 지침은 마련되어 있지 않다.

카페 테라스는 사유지에 조성할 경우에도 문제가 될 수 있다. 최근 우리 도시에서도 도시 경관과 공공 공간의 중요성에 대한 인식이 높아지면서 건물 규모에 따라 공개 공지나 녹지를 조성하거나 건축선을 지정하도록 한다. 이때 지정되는 건축선은 사유지임에도 도로로부터 일정 거리만큼 건축물을 이격하여 짓도록 한 제도로, 보행자 흐름을 원활하게 하고 건물의 선을 맞춰 도시 경관을 아름답게 하기 위한 조치이다. 그런데 건축선이 지정된 땅의 건물 1층에 입점한 카페들이 건축선지정으로 발생한 이격 공지를 테라스로 활용할 때 문제가 불거진다.

사유지에 테라스를 설치하는 것은 가로 경관을 크게 훼손하지 않고 가로 활성화에 도움이 되므로 허락해줘야 한다는 논리와 공공을 위해 마련된 공간이므로 다수의 통행자가 사용할 수 있도록 비워놓아야지 카페 주인의 이익을 위해 공간을 사용하는 것은 맞지 않다는 논리가 부딪친다.

가로에 쭉 늘어선 카페 테라스는 분명히 가로에 활력을 주고, 매력적인 도시 공간을 만드는 데 일조한다. 또한 통행하는 사람이 많아지면 주변 상가는 매출이 올라가게 된다. 하지만 엄연히 법으로 지정된

01

02

03

01 무프타르(Mouffetard)가 보행자 전용 거리.
광장에 면한 넓은 가로의 중앙을 카페 테라스 공간으로
활용한다. 자세히 보면 여러 카페의 테라스가 연속적으로
질서 있게 자리 잡고 있음을 알 수 있다.

02 겉보기엔 자유로워 보이지만 테라스로 활용되는
프랑스의 가로 공간은 엄격히 관리된다.

03 건축선을 지정하며 발생한 공지를 테라스로 쓰는 게
옳은지에 대해서는 논란이 있다.

공적 공간은 주변 상가의 이익이 아닌 공적 측면의 효용에서 고려되어야 한다. 공공 공간과 사유 공간의 이분법적인 구분을 벗어나, 도시 매력을 높이기 위한 공간의 활용 방안과 세부 지침을 고민할 시점이다.

6

카페와
젠트리피케이션

세련된 가로, 매력적인 카페

길이라고 다 같은 길이 아니다. 무언가 운치 있고, 멋진 일이 일어날 것 같고, 그곳에 있으면 왠지 모르게 스스로가 멋있게 느껴지는 그런 길이 있다. 어느 도시에나 매력적인 거리가 있다. 파리의 샹젤리제가, 바르셀로나의 람블라가, 우리나라의 대학로와 가로수길이 그렇다. 그리고 이처럼 매력적인 가로에는 공통점이 있다. 세련되거나 아기자기한 카페들이 잔뜩 있다는 점이다.

매력적인 가로는 멋진 건축물과 잘 다듬어진 가로수, 세련된 스트리트 퍼니처만으로 완성되는 것이 아니다. 무엇보다 거리는 사람들로 북적거려야 비로소 생기를 띠는데, 밝은 조명과 유리창이 있고 테라스에 사람들이 가득한 카페는 멋진 가로를 연출하기 위한 완벽한 요소이다.

닭이 먼저인지 달걀이 먼저인지 판가름하기 어렵듯이, 멋진 카페가 있어서 그 가로가 멋져졌는지 멋진 가로이기 때문에 카페가 들어서게 됐는지는 알 수 없다. 하지만 언제부터인가 사람이 모이는 가로와 카페는 뗄 수 없는 관계가 되었다.

오데옹 스타벅스.
장식이 배제된 20세기 초 건축양식에
맞춰 심플한 철골 구조물로 간판을
디자인했다. 좁은 보도지만
카페 테라스로 활용되고 있다.

서울에서 가장 멋진 가로로 꼽히는 가로수길은 지하철역에서 떨어진 경사지 위쪽에 위치하여 유동 인구가 많지 않았고, 지가가 높지 않아 아기자기한 카페와 작은 부티크 들이 모여 있는 편도 2차선의 조용한 가로였다. 그런데 2000년대 초반 한 드라마에 이곳이 소개된 이후 사람들 입에 오르내리며 관심이 집중됐다.

인기가 높아지자 가로수길의 아이콘이던 작고 예쁜 카페들이 사라지기 시작했다. 치솟는 임대료를 감당하기 어려워진 소규모 카페와 부티크 들이 다른 지역으로 밀려난 것이다. 이러한 현상은 대학로에서도 발생했다. 대학로의 상징인 소극장과 카페 들 역시 임대료를 감당하지 못해 대학로를 떠났고 그 빈자리는 새로운 상업 시설들이 채우고 있다.

젠트리파이어와 젠트리피케이션

타 지역에 비해 쇠퇴했거나 비교적 덜 개발된 지역에 예술가나 청년이 모여들면서 독자적인 문화가 형성되고 지역이 활성화되는 경우가 발생한다. 문화적 성향이 분명하지만 경제적 기반은 부족한 사람들이 임대료가 저렴한 곳으로 자생적으로 모여들어 그들만의 문화를 형성해 가는 것이다. 이러한 지역은 처음에는 관련 분야에 종사하는 사람들에게만 입소문으로 알려지다가 점차 외부인들과 외부 자본이 모여든다.

이와 같은 양상을 젠트리피케이션(Gentrification)이라 한다.[15] 젠트리피케이션은 장점과 단점을 함께 지닌다. 어느 지역에 젠트리피케이션 현상이 발생하면 중산층이 유입되면서 지역이 발전하게 된다. 투자가 늘면서 열악했던 환경이 점차 개선되고, 쾌적하면서도 문화가 살아 있는 지역으로 재탄생한다.

하지만 젠트리피케이션이 지나치게 상업적인 방향으로 치우칠 경우, 이 지역을 매력적인 곳으로 변화시킨 원주민들은 밀려나는 문제가 발생하기도 한다. 이처럼 지역에 새로운 문화를 뿌리내린 사람들을 '젠트리파이어'라고 부르는데, 아이러니하게도 젠트리파이어들은 젠트리피케이션이 진행되면서 그 지역에서 밀려나기도 한다.[16] 애초에 싼 임대료를 중심으로 발달된 지역이기 때문에 이곳에 독자적인 문화가 유지되고 원주민이 지속적으로 거주하기 위해서는 저렴한 임대료가 필수인데, 외부 상업자본이 몰려들면 임대료가 상승하고 기존 주민과 시설은 급등한 지가와 임대료를

1900년에 문을 연 생제르맹 지역의 비스트로.
오랜 역사로 이름이 알려진 카페나 비스트로는 관광지화되면서 젠트리피케이션 현상의 시발점이 되기도 한다.

한적했던 주택가가 작고 예쁜 카페 거리로 유명해지면 방문객이 급증하면서 주택들은 카페나 소규모 상업 시설로 용도가 바뀐다.

감당하지 못해 떠날 수밖에 없다. 원주민과 젠트리파이어들이 떠난 자리는 부유한 외지인과 고급 상업 시설들이 점령하게 된다.

도시는 살아 있는 유기체다. 끊임없이 움직이고 변화한다. 젠트리피케이션은 지역에 세수 증대, 환경 개선 같은 긍정적인 효과를 가져오기도 하지만 외지인과 원주민이 균형을 이뤄 상생하지 못할 때는 자생적으로 도시가 활성화되던 모습은 온데간데없이 사라진다. 젠트리피케이션은 그 지역에서 쫓겨나 삶의 터전을 잃은 사람들에게만 안타까운 현상이 아니다. 지속적으로 자본이 몰려들다 보면 지역의 독창성은 사라지고, 다른 상업지역과 유사해져 결국 찾는 사람이 줄어든다. 상업적 이익만을 좇는 젠트리피케이션은 원주민에게도 이주민에게도 만족스런 결과를 가져오지 못한다.

카페와 도시의 변화

가로변이나 주택가에 카페가 생기면 그 지역에는 활기가 돈다. 카페를 중심으로 사람이 모여들고, 어두운 골목은 늦은 시간까지 문을 여는 카페의 불빛과 오가는 사람들의 발길로 더 이상 위험하지 않게 된다. 굳이 CCTV를 달지 않아도, 불빛이 있고 사람들의 시선이 있는 한 도시는 안전한 공간이다. 하지만 앞에서 살펴본 것처럼 이러한 변화가

카페 *café*

어느 순간 젠트리피케이션 현상을 불러오기도 한다. 카페는 매력적인 공간을 만드는 촉매제면서 동시에 젠트리피케이션을 일으키는 원인이 되기도 한다.

최근 우리 도시의 주택가에도 카페가 하나둘씩 늘어나고 있다. 동네의 작은 카페는 우리 삶에 여유를 선사한다. 카페는 급속히 증가하는 커피 소비량만큼 빠르게 확산되고 있다. 아침 출근길에 테이크 아웃 하기도 하고, 아이를 데리고 바람을 쐬러 나왔다가 쉬어 가기도 한다. 특별한 약속이 없는 주말 아침엔 혼자 책을 읽거나 오랜만의 여유를 즐기러 들르기도 한다. 자신의 취향에 맞는 커피를 내려주는 카페가 집 가까이 있다는 것은 도시에 살면서 누릴 수 있는 작은 기쁨이다.

하지만 소규모 카페가 잘되고 사람이 많다 싶으면 어느 순간 프랜차이즈 커피 전문점으로 바뀌는 모습이 종종 눈에 띈다. 서울의 가로수길이나 홍대 앞, 서촌, 그리고 파리의 생마르탱 운하 주변에서도 나타났던 젠트리피케이션은 이제 도시 구석구석으로 확산되고 있다. 바르셀로나의 열악하고 위험했던 구도심 지역이 다시 사람이 모여드는 활기찬 공간으로 바뀌는 데는 작은 광장을 중심으로 들어선 카페의 역할이 매우 컸다. 이 카페는 스타벅스나 코스타커피 같은 대형 프랜차이즈 커피 전문점이 아닌 동네의 작은 카페들이었다.

카페는 도시에 활력을 가져오는 긍정적 요소이다. 그러나 도시에 카페가 많아지고 도시가 밝아지는 과정에서 그 효과의 수혜자가 누구여야 하는지는 함께 고민해보아야 한다.

03

librairie

서점

11:10

클로딘

지베르 조제프
Gibert Joseph

두어 달에 한 번씩은 이곳 지베르 조제프(Gibert Joseph)에 들른다. 지베르 조제프는 파리에서 가장 크고 유명한 서점인데 다양한 책과 미술 용품 외에도 음반, 문구, 액세서리 등이 갖춰져 있어 자주 오게 된다. 파리의 중심인 시테(Cité)섬에서 파리의 남북 축을 이루는 생미셸가를 따라 소르본 대학 쪽으로 걸어 내려가면 지베르 조제프와 지베르 죈느(Gibert Jeune) 간판이 여기저기 눈에 들어온다.* 언제부터 지금의 간판을 사용했는지 모르겠지만, 지베르 조제프의 파란 간판과 지베르 죈느의 노란 간판은 무채색 석조 건물로 가득한 중후한 도시에 발랄함을 심어준다.

지베르 죈느 서점에 처음 갈 땐 꽤나 주의해야 한다. 관광객들로 북적대는 조그만 생미셸 광장을 중심으로 다섯 개의 노란 간판이 흩어져 있는데 현지인도 어느 건물로 들어가야 하는지 종종 헷갈린다. 건물에 들어가기 전 자신이 보고 싶은 책이 어떤 분야인지 한 번 더 생각한 후 건물 밖에 적힌 분야를 잘 보고 들어가야 한다. 노란 간판을 보고 반가운 마음에 대충 들어갔다간 5층이나 되는 건물을 걸어 올라갔다 내려와 다시 복잡한 길을 건너 맞은편 건물의 5층으로 올라가야 할 수도 있다. 이건 나의 경험담이니 귀담아들으시길!

• 지베르 조제프와 지베르 죈느는 20세기 초 지베르 조제프가 두 아들에게 서점을 물려주며 분화된 서점이다. 최초 서점은 생미셸 광장에 지베르 조제프란 명칭으로 번창했는데, 두 아들 중 둘째 아들이 기존의 서점을 물려받으며 서점명을 지베르 죈느(Jeune, 젊은)로 바꿨고, 형은 원래 서점명인 지베르 조제프를 그대로 쓰는 대신 생미셸가를 조금 내려와 카르티에 라탱에 좀 더 가까운 곳에 서점을 새로 열었다.

오늘은 와즈디 무아와드(Wajdi Mouawad)의 희곡『화염 Incendies』을 사고, 시간이 되면 동양 회화 서적과 올 여름 그리스 여행에 대비해 여행 안내서를 골라볼 생각이다. 무아와드의『화염』은 오이디푸스 신화를 오각형에 대한 수학적 정의를 증명하는 과정과 접목해 인종 학살과 세습되는 인생의 굴레를 묘사한 작품이다. 과연 오각형과 인종 학살을 오이디푸스 신화 안에서 어떻게 풀어나갔을까?

사고 싶은 책의 분야가 다르기 때문에 여러 층을 오르내려야 한다. 옛날 석조 건물을 그대로 활용하다 보니 서점 내부 공간이나 계단이 모두 좁다. 층고는 왜 낮을까? 석조 건물이면 층고가 높은 게 일반적일 텐데…. 그래도 덕분에 분위기는 아늑하다.

내가 제일 자주 찾는 지베르 조제프는 클뤼니 박물관 앞에 있는데 저층엔 주로 관광, 요리, 문고판 같은 대중서와 관련 용품을, 위층으로 올라갈수록 전문서를 판매한다. 올라갈 때는 중앙의 에스컬레이터를 타면 되지만, 책을 골라 내려올 때는 건물 옆면의 좁은 계단으로 내려와야 한다. 건물은 5층이지만 계산은 1층에서만 가능하다는 점도 열 개가 넘는 지베르 서점의 공통점이다. 요즘엔 무인 계산대가 설치돼 좀 낫긴 하지만 계산을 한곳에서 하니 비 오는 날엔 서점 1층이 지하철 출입구만큼이나 북적거린다.

지베르 조제프에 자주 오는 이유는 워낙 다양한 책이 있기 때문이기도 하지만 무엇보다도 새 책과 거의 똑같은 중고책이 아주 많기 때

01

02

03

01 수많은 관광객과 행인 들로 늘 가득한
생미셸 광장의 지베르 죈느.

02 지베르 조제프 2층 내부 풍경. 19세기 후반 건물을
그대로 이용해서 내부는 좁고 낮다.

03 프랑스에선 희곡이 문학의 한 장르로
널리 사랑받는다.

문이다. 원하는 새 책 바로 옆에 20~30퍼센트쯤 싼 중고책이 몇 권씩 놓여 있어서 누가 새 책을 살까 싶을 정도다. 서점 근처 골목에서는 집에서 가져온 중고책을 정리하는 사람들을 종종 볼 수 있다. 지베르 죈느에서 팔리는 책의 3분의 1이 중고책이라는데, 책이 사람을 거쳐 전해지고 읽힌다는 느낌은 단지 가격이 싸다는 것을 넘어서 다른 기쁨을 준다.

이 근처엔 지베르 조제프 말고도 서점이 매우 많다. 카르티에 라탱(Quartier latin)은 11세기부터 대학가로 발달한 지역이기 때문에 오래된 각양각색의 서점들이 있다.* 일반적으로 대형 상점이 발달하면 근처의 구멍가게들은 문을 닫는다는데, 이곳에선 불리니에(Boulinier)나 지베르 조제프처럼 큰 서점 바로 옆에 작고 예쁜 서점들이 한 집 건너 한 집씩 생기 있게 자리 잡고 있다. 마치 큰 고목나무 옆에 예쁘고 알록달록한 버섯들이 잔뜩 나 있는 것 같다.

출판사와 이름이 같은 서점도 있고, 고서점을 포함해 지리, 법학, 영화 등 특화된 분야의 서점도 있다. 얼마 전 팡테옹 옆에선 브라질, 포르투갈 서적만 파는 서점도 봤다. 서점 아저씨는 두 나라에서 사용하는 언어인 포르투갈어를 사랑하나 보다. 다양한 서점만큼 다채로운 나무 간판이 도시와 잘 어울린다.

* 카르티에 라탱(라틴가를 의미함)은 소르본 대학 등 유서 깊은 대학들이 모인 지역이다. 과거 프랑스 대학에서 라틴어를 사용했기 때문에 이와 같은 이름으로 불린다.

01

02

01 작은 영화관 옆에 위치한 팡테옹의
영화 전문 서점.

02 이 서점에서는 포르투갈과 브라질
서적을 판매한다.

03 주로 중고책을 판매하는 불리니에 서점.
지베르 조제프 인근에 위치한다.

04 서점의 외부 벽면에 설치된 서랍.
주로 3유로 이하인 저렴한 책을 내놓고
판매한다.

03

04

간판은 제각각이지만 이곳 서점들의 공통점이 있다. 책을 거리에 늘어놓고 팔던 추억 때문인지 아직도 작은 나무 수레에 매우 싼 중고 책을 담아 서점 앞에 내놓는다. 책 수레를 매일 내놓고 들이는 게 힘들었는지 서점 외벽에 서랍을 만든 서점도 있다.

초록색, 빨간색 차양 아래서 나무 수레에 담긴 책을 고르는 사람들, 카르티에 라탱 구석구석의 작은 서점, 센 강변에서 중고책을 판매하는 진녹색 상자들, 셰익스피어 앤드 컴퍼니의 초록 간판은 영화 속 파리 그 자체다.

지우

광화문
교보문고

한동안 인터넷으로 책을 주문했지만 오늘은 오랜만에 서점에 들러 책을 사야겠다. 책장을 넘겨보고 고르는 것과 인터넷에서 목차와 서평만 보고 주문하는 건 기분이 다르기도 하지만, 요즘 서점엔 책 말고도 볼거리가 넘친다. 예쁘고 다양한 팬시 용품도 있고, 새로 산 노트북에 어울리는 마우스나 세 살짜리 조카에게 사주고 싶은 장난감도 서점에 있다. 책을 고르면서 소소한 물건들을 구경하고 살 수 있는 건 상당히 즐겁고 편리한 일이다. 19세기 잡화상이 이런 모습이었을까? 서점이라기보단 21세기 종합 생활 문화 공간인 것 같다.

교보문고에 갈까, 반디앤루니스에 갈까, 아님 영풍문고에 갈까. 어제부터 생각해봤는데 사실 큰 차이가 없다. 세 곳 다 지하철역에 연결되어 있고, 넓은 공간과 세련된 인테리어를 갖춰 주말 오전을 보내기엔 충분히 쾌적하기 때문이다. 그런데 아침에 일어나 화창한 날씨를 보니 서점이 지하에 있다는 사실이 우울하게 느껴진다. 언제부터 우리나라 대형 서점은 다 지하로 내려가게 되었을까?

물론 우리 동네에도 서점은 있다. 하지만 동네 서점에서 파는 책은 대부분이 중·고등학생 참고서, 인기 소설, 잡지라 다양한 책을 접하기는 어렵다. 그렇기 때문에 다양한 책을 보기 위해서 대형 서점까지 나가는 게 습관이 되었다. 한 10년 전만 해도 서울 이곳저곳엔 중간 규모의 서점이 꽤 있었는데 한순간에 사라졌다. 이제는 참고서 위주의 서점과 대형 서점 두 종류만 남은 기분이다. 최근 예스24나 알라딘 같은 온라인 서점이 오프라인 매장을 여는 걸 보면 온라인 서점 때문에 기존의 서점이 사라진다고 단정 짓기는 어려운 것 같다. 책뿐 아니라 옷, 신발도 다 온라인으로 쇼핑하는 시대인데 오프라인 서점이 사라지는 게 유독 아쉬운 건 무슨 이유일까?

지하철에서 내려 연결 통로를 통해 바로 교보문고로 들어섰다. 주말 오전 한적한 서점에 들어가니 내가 지성인으로 느껴져 대견한 기분이다. 교보문고는 우리나라에서 제일 큰 서점이지만 가장 오래된 서점은 아니다. 가장 크고 대표적인 서점은 종각 옆 종로 2가에 위치했던 종로서적이었다고 한다. 건물 전체가 서점으로 쓰여 좁은 계단을 오르내리며 책과 사람을 찾느라 늘 혼잡했다고 한다.

하지만 요즘 내가 가는 서점은 대부분 지하에 있다. 대형 빌딩이나 쇼핑몰의 지하 공간을 사용하다 보니 서점 형태는 매우 넓게 펼쳐져 있고 규모가 커봐야 2개 층 정도다. 예전엔 대형 서점이라도 서가가 빽빽하게 배치되어 오랜 시간 책을 고르거나 보기에 불편했는데, 요즘은 제대로 앉아서 책을 볼 수 있는 공간도 마련되어 훨씬 더 여유롭게 책을 살펴볼 수 있다. 예전엔 책을 빨리 사서 가라는 듯한 느낌이었다면 요즘은 찾아오는 손님을 배려해주는 분위기인 것 같다.

오늘은 최근 인기를 끈 대화법에 관한 책과 미술 서적을 사려 한다. 그런데 책이란 게 참 그렇다. 살 땐 정말 재밌을 것 같고 꼭 필요한 책

01

01 혜화동 로터리에 있는 동양서림.
서울시가 미래문화유산으로 지정한
오래된 지역 서점이다.

02 광화문 교보문고는 지하 공간에
위치해 지하철역과 바로 연결된다.

03 우리나라 대형 서점은
세련된 인테리어와 아늑한 분위기,
편안한 독서 환경을 제공한다.

02

03

같지만 막상 사놓고 나면 생각과 다르거나 어려워서 몇 장 넘기다 마는 책들이 꽤 생긴다. 이럴 땐 중고책으로 팔고 싶은 생각도 든다. 하지만 생각보다 중고로 책을 파는 게 쉽지 않다. 예전엔 동네에도 헌책방이 있었고 청계천 주변엔 특히 헌책방이 많이 모여 있었는데, 요즘엔 헌책방이란 단어 자체가 생소해졌다. 알라딘 중고 서점이 생기긴 했지만 옛날 헌책방과는 많이 다르고, 무엇보다 근처에 없어 멀리까지 가기 번거롭다.

그런데 헌책방은 왜 사라졌을까? 소득 수준이 높아져 굳이 남이 보던 책을 살 필요가 없어지게 된 것도 있지만, 도시 정비에 의해 헌책방이 자리하던 낡은 건물이 없어진 원인도 큰 것 같다. 예전에는 청계천을 따라 헌책방들이 쭉 줄지어 있었는데 청계천 복원 사업 이후 그 모습은 사라졌다. 평화시장 근처에 헌책방 거리가 새로 만들어졌단 얘길 듣고 친구랑 가봤는데 이전처럼 활기차 보이지는 않았다.

새로 정비된 청계천 헌책방 거리.
기존에 비해 규모가 크게 줄어들었다.

드디어 필요한 책 두 권을 사고 맘에 드는 파우치와 머리핀도 싼 가격에 득템했다. 서점에서 왜 앞치마와 모자를 파는지는 모르겠지만 하여간 예쁜 물건이 다른 어디보다 많다. 어디선가 읽었는데 사람이 느끼는 가격은 상대적이라서 비싼 물건을 살 때 부수적인 물건의 가격은 싸게 받아들인다고 한다. 그 때문인지 책을 두어 권 사면서 계획에 없었던 자질구레한 물건들을 꼭 사게 된다.

서점에서 책이 아닌 다른 물품을 파는 면적은 점점 넓어지고 있다.

한참 동안 서서 책을 고르느라 힘들었는지 서점 내 카페가 눈에 들어온다. 도서관에서는 책을 상하게 할까 봐 음료는 반입을 금지하는데, 확실히 서점은 훨씬 더 손님에게 관대하다. 햄버거도 샌드위치도 서점에선 모두 허락된다. 생각해보면 책을 보기 위해 서점에 올 때보다 약속 장소로 정하고 친구를 기다리는 동안 책을 훑어보는 일이 더 많은 것도 같다.

계단을 걸어 올라오자 조금 전까지 머물렀던 서점은 그 존재가 느껴지지 않는다. 바로 땅 밑엔 몇십 만 권의 책이 들어찬 거대한 서점이 있는데, 지상에선 전혀 그 존재를 알 수가 없다니 참으로 희한하다.

03

librairie

서점

현대 도시와
바벨의 도서관

서점의 출현

보르헤스의 『픽션들』에는 바벨의 도서관이 나온다. 우주는 하나의 도서관이고, 사람들은 그곳에서 자신이 처한 문제에 해답을 제시해주고 신념을 대신해줄 변론서를 찾는다. 바벨의 도서관에는 모든 책에 대한 완전한 해석과 암호를 제시하는 책이 있는데, 그 책을 찾느라 많은 사람들이 이곳에서 인생을 탕진한다. 육각형의 책 진열실이 무한히 연결된 공간에서 자신이 원하는 지식을 찾아 헤매는 사람들로 가득 찬 세상. 우리는 그 속에서 어딘가 존재한다는 절대적인 책을 찾아 순례자처럼 인생을 떠돌고 있는지도 모른다는, 그리고 그것이 무한히 반복될 것이라는 글은 우리가 서점에 가는 이유를 너무나 잘 설명해준다.

앎에 대한 사람의 욕망은 원초적이다. 그리고 도시에서 이러한 욕구를 해결해주는 곳이 서점이다. 불과 20~30년 전까지만 해도 우리나라에 도서관은 지금처럼 많지 않았다. 그래서 원하는 책을 보려면 서점에서 구입하거나 주변에 그 책을 먼저 산 사람이 있으면 빌려 보았다. 그러나 요즘은 곳곳에 좋은 도서관이 들어서 웬만한 책들은 대출하여 볼 수 있다. 그런데도 우리는 여전히 서점에 가고 책을 산다. 서점에 가면 머리와 마음이 텅 비어가는 듯한 불안이 가라앉고 마음 한 구석이 든든해진다.

서점이란 지식을 보급하는 곳이다. 도서관에는 물론 더 많은 책이 있지만, 서점에서는 매일 쏟아져 나오는 따끈따끈한 신간을 만날 수 있다. 서점은 오늘날 도시를 구성하는 다른 공간에 비해 비교적 늦게 출현했지만, 책을 접할 수 있는 또 다른 공간인 도서관은 인류의 역사와 함께 발달했다. 과거 알렉산드리아 도서관으로부터 알 수 있듯 지식의 보고인 도서관은 권력의 상징이었다. 권력자들은 막강한 부만큼이나 막강한 지식을 수집하고 소유할 수 있었지만, 평민들은 이 같은 지식에 접근하기 어려웠고 무엇보다 글을 읽을 수도 없었다. 귀족과 종교인 등 일부 계층만 글을 읽던 시절에는 지금과 같은 형태의 서점이 존재하지 않았다. 책은 필사본으로 만들어졌고, 특권층만이 접할 수 있는 도서관에 귀중히 보관되었다.

그러나 18세기에 들어 평민들도 글을 배우게 되고 동시에 출판 기술이 발전하면서 서점은 비로소 확산되기 시작했다. 프랑스에선 나폴레옹이 1810년 서점과 출판 관련법을 만들어 출판과 판매 행위를 규제했는데 이때부터 국가에 의해 통제받는 서점이 아니라 개인의 상행위에 기반한 서점이 등장했다. 우리나라에서는 임진왜란 이후 박고서사란 서점이 그리고 영조 시대인 18세기에 약계책방이 세워졌으나 이때까지는 인쇄물이 아닌 필사본을 주문받고 판매했다. 이후 우리나라에 점포 형태의 서점이 나타난 것은 개항 이후 1890년대부터이다. 도시 속에 오늘날과 같은 서점이 나타난 지 프랑스는 약 200년, 우리나라는 120여 년이 지났다.

일상적 문화 공간으로

비교적 짧은 역사에도 서점은 도시에서 가장 많은 사람이 들르는 공간 중 하나이다. 파리에서 일 년간 지베르 죈느 서점에 다녀간 고객 수가 프랑스의 대표적 문화유산인 루아르(Loire) 지방에 있는 성 전체의 연간 관람객 수보다 많다는 점만 봐도 도시인의 생활에 서점이 얼마나 중요한 공간으로 자리 잡고 있는지 알 수 있다.[1]

책을 고르다 보면 서점에 들어올 때의 뿌듯함은 점차 약해지고 초조함이 고개를 든다. 정해진 시간 내에 원하는 내용을 담은 가장 훌륭한 책을 수없이 많은 책들 중에서 선택해야 한다는 압박감 때문이다. 하루에 183종의 책이, 한 주에 1,290종이 출판되는 환경에서 두세 달에 한 번 서점에 들러 책 몇 권을 선택한다는 것은 쉬운 일이 아니다.[2] 다들 훌륭한 디자인에 좋은 서평들뿐이라 몇 페이지 들춰 보고 책 내용을 파악하기란 정말 쉽지 않다. 서가에 꽂혀 있는 책은 포기하고 이미 누군가가 선별해준 것 같은 판매대의 책들만 뒤진다 해도 만만치 않다. 너무 많기에 불안하고, 미처 보지 못한 책 속에 진짜 지식의 알맹이가 들어 있을 것 같다.

지식을 찾아 이 서가, 저 서가를 헤매다 결코 완전한 지식에 도달하지 못할 운명임을 깨달아 지치고 막막해질 때, 현대 도시의 서점은 우

화려한 인테리어의 우리나라
대형 서점. 책 외에도
웬만한 상품들을 갖추고 있다.

리에게 편안한 휴식 공간과 다양한 볼거리를 제공하며 위로해준다. 대
형 서점에 입점한 카페, 푸드코트, 팬시점들은 이처럼 숭고하지만 지
친 영혼들을 위해 도입된 공간일 것이다. 아주 먼 곳을 향해 가는 여객
선에서 고급 레스토랑과 멋진 객실이 긴 항해를 즐거움으로 바꿔주는
것처럼 오늘날 바벨의 도서관은 책의 바다에서 끝없는 여정 중인 순례
자들을 위로하고 있다.

생산과 판매의 분리:
도시 공간의 변화

출판 인쇄소와 서점

우리가 책을 만나기까지는 몇 가지 단계가 필요하다. 그중 첫 번째는 작가가 글을 쓰는 단계이고, 둘째는 원고로 책을 만들고 인쇄하여 상품으로 만드는 단계, 세 번째는 그 책을 판매하는 단계이다. 첫 단계는 작가의 서재에서, 둘째 단계는 출판사와 인쇄소에서, 셋째 단계는 서점에서 이뤄진다. 온라인에만 존재하는 인터넷 서점도 있긴 하지만, 대부분 출판사에서 만들어진 책은 서점을 통해 독자를 만난다.

이와 같은 3단계의 명확한 구분은 20세기에 들어 정착되었다. 이전까지는 출판업과 판매업을 함께 하는 곳이 대부분이었다. 19세기까지 서양에서는 출판사가 서점을 함께 운영했었고, 우리나라에서도 출판 인쇄소를 운영하면서 직접 출간한 인쇄물을 판매하는 형태의 서점이 다수였다. 그러나 우리나라와 프랑스 모두 19세기 말부터 책을 만드는 곳과 판매하는 곳이 점차 분리되기 시작했다.

우리나라에서 20세기 초반 번창했던 서점 이름을 보면 '삼중당', '을유문화사직매점' 등으로 출판사 이름을 그대로 사용했다. 그러나

01

01 프랑스에선 아직도 출판사가
운영하는 서점을 흔히 볼 수 있다.
아르마탕(L'Harmattan) 출판사 서점.

02 건축, 미술 분야 책을 주로
출판하는 타셴(Taschen).
서점 인테리어도 감각적이다.

03 과거엔 건축 서적 전문 출판사
르 모니퇴르(Le Moniteur)의
서점이었으나 최근 르 딜레탕트(Le
Dilettante)로 바뀐 출판사 겸 서점.

04 아동 서적 전문 출판사에
어울리는 아기자기한 디스플레이의
샹트리브르(Chantelivre) 서점.

02

03   04

6·25 전쟁을 겪으며 많은 서점들이 사라졌고 이후 경제가 성장하며 서점은 다시 활성화되었다. 특히 1970년대에 들어 부가가치세가 면제되면서 서점은 급속하게 확산되었는데, 서점은 출판사와는 분리되어 전국적으로 확산된 반면 출판사는 인쇄소가 밀집해 있는 대도시의 구도심 지역을 중심으로 남게 된다. 즉 서점은 사람이 많이 모이는 곳으로 널리 퍼졌고, 출판사는 책을 만들기 편리한 인쇄소 근처에 머물렀다.

이처럼 공간이 분화된 이후 다시 한 번 새로운 변화를 맞는다. 1990년대에 들어 서울의 출판·인쇄 중심지였던 을지로, 충무로의 지가가 높아짐에 따라 사업 규모가 영세했던 인쇄소와 출판사는 더 이상 비용을 감당하지 못하고 이전한다. 자유로 변에 위치한 파주 북시티는 이렇게 탄생되었다. 대담한 디자인과 원초적 재료가 어우러져 건축 박물관을 연상시키는 이곳은 연인과 한 번쯤은 가봐야 할 매력적인 데이트 코스인데, 파주 북시티가 만들어진 배경에는 오래된 서점과 출판사, 그리고 도시 공간의 변화가 담겨 있다.

유통과 판매의 공간

유통과 판매 중심인 서점은 과거 출판 기능까지 담당하던 서점과는 성격이 다르다. 이는 자신이 만든 물건을 직접 판매하던 중세 시대에서 잡화점이 발달하는 근대로 넘어오는 변화와 유사하다. 책의 생산과 판매가 분리되면서 서점은 다양한 물건을 판매하기 시작했다. 초기엔 책과 가까운 필기구, 다이어리를 판매하였으나 어느 순간 패션 잡화나

파리 레알(Les Halles) 쇼핑센터의 프낙은 세 개 층에 입점해 규모가 매우 크다.
가전제품과 주방 용품도 취급하며, 책은 지하철역과 연결된 지하 3층에서 판매한다.

장난감 등으로 제품군이 확대되더니 어느 서점엔 스와로브스키 매장
도 입점해 있다.

　서점은 기업이나 개인이 영업 이익을 목적으로 운영하는 장소라는
점에서 도서관과 큰 차이가 난다. 그렇기 때문에 서점은 더 많은 고객
을 끌어들이고 책을 판매하기 위해 다양한 변화를 꾀하고 있다. 프랑
스에는 프낙(Fnac)이라는 매우 큰 서점이 있는데 이곳은 책과 가전제
품을 판매하는 대형 유통점이다. 예를 들자면 우리나라의 하이마트와
교보문고가 합쳐진 모습으로 일반 서점보다 규모와 자본도 훨씬 크다.

　서점의 형태가 다양해지면서 특히 대형 서점은 고객이 좀 더 오래
머물면서 책을 둘러보고 구매할 수 있도록 매력적이고 편안한 공간을
조성하는 데 노력을 기울인다. 편안한 조명, 은은한 음악, 품격 있는
인테리어가 갖춰진 현재의 대형 서점은 도서관과 백화점이 만난 듯하
다. 이처럼 소비자 친화적으로 변한 서점은 빽빽하게 꽂힌 책으로 모

든 벽면을 둘러싼 바벨의 도서관과는 다르다. 서점에서 책이 차지하는 공간은 점차 줄어들고 엔터테인먼트를 위한 물건들이 공간을 채우고 있다.

오늘날 도시의 서점 입지와 내부 공간 특성은 생산과 판매 기능이 분리되며 나타났다. 우리나라 서점 중 가장 규모가 큰 교보문고의 경우 출판업으로 등록되어 있지만 출판보다는 판매 기능이 압도적이다. 이러한 이유로 서점은 지하철 역세권, 학교 앞 등 유동 인구가 많거나 고정 고객이 확보되는 장소에 자리 잡는다. 또한 작가와 독자의 만남을 주선하는 등 보다 넓은 의미의 문화 공간으로 진화하고 있다.

3

언더월드와
1대 171의 전설

규모의 경제와 대형 쇼핑몰

언제부터인지 동네 서점이 사라지고 대형 서점만 남은 것 같다. 그리고 어느 순간부터 책을 사려면 교보문고나 반디앤루니스에 가는 게 습관이 됐다. 물론 모든 서점이 달라진 건 아니다. 그럼에도 우리 눈엔 일부의 변화가 전체인 것처럼 느껴지기도 한다. 2013년 기준으로 우리나라의 500평 이상 초대형 서점은 전국에 34개로 전체 서점 수의 1.5퍼센트에 불과하다.[3] 대형 서점의 비율이 이렇게 낮은데도 왜 도시에 대형 서점만 남아 있는 것 같은 느낌이 드는 걸까.

그도 그럴 것이 교보문고가 입점한 영등포 타임스퀘어의 1일 평균 방문객 수는 20만 명이다.[4] 이는 같은 해인 2011년 충주시 전체 인구수 21만과 비슷한 수치로, 이처럼 많은 사람이 매일 지나가는 곳에 위치한 대형 서점은 소규모 서점 100

우리나라 대형 서점은 넓은 공간을 확보하기 편리한 대형 건물 지하에 위치하는 경우가 많아 지상에선 존재가 크게 부각되지 않는다.

개를 합친 것보다 영향력이 크기 때문이다. 요즘 우리 주변에서 '규모의 경제'라는 용어가 흔히 쓰인다. 생산 요소의 투입량이 증가함에 따라 생산비가 절약되고 수익이 향상되는 것을 일컫는 용어로 주로 수도나 철도 같은 기반 시설에 적용되던 논리였다. 그러나 최근에는 이 용어가 상업 전반에 적용되어 시설의 대규모화가 영업의 성공을 보장해 주는 모습으로 나타나기도 한다.

서점에도 같은 논리가 적용되면서 작은 서점은 급감하는 반면 대형 서점은 점차 늘고 있다. 그리고 대형 서점은 대규모 유동 인구가 확보되는 대형 쇼핑몰에 입점하는 추세이다. 대규모 도시 개발 사업의 유행도 서점의 대형화에 영향을 미치는데, 이러한 개발 사업은 사업 수익성을 담보하기 위해 대규모 상업 시설을 계획한다. 이렇게 만들어진 대형 쇼핑몰은 다양한 임차인을 유치하기 위해 노력하고 그 결과 식음료, 의류 매장 등과 함께 문화시설의 성격을 지니는 서점이 들어가게 된다.

쇼핑몰에 자리한 우리나라 대형 서점은 넓은 공간을 활용해 중소 서점에서는 따라갈 수 없는 편리함과 쾌적함을 제공한다.

대형 쇼핑몰이 형성되면서 쇼핑과 여가 활동도 패키지가 된다. 단 한 번의 주차로 옷도 사고, 밥도 먹고, 영화도 보고, 책도 살 수 있다. 굳이 책을 살 목적으로 나오지 않았어도 서점을 둘러보면서 새로운 책을 구경하고 사기도 한다. 요즘처럼 바쁜 생활 패턴에 딱 맞는 모습이다.

소형 서점의 몰락

한국서점조합연합회에서 발간하는 『한국서점편람』에 의하면 규모 측면에서 영세 서점으로 볼 수 있는 20평 미만의 서점은 2011년 958개에서 2013년 787개로 줄어들었다. 영세 서점의 면적을 평균 50제곱미터(약 15평)로 잡는다면 전국적으로 사라진 영세 서점의 전체 면적은 8,550제곱미터(약 2,586평)이다. 하지만 2009년 영등포 타임스퀘어에 입점한 교보문고의 면적은 7,933.92제곱미터(약 2,400평)로 앞선 수치와 약 550제곱미터밖에 차이가 나지 않는다.[5] 즉 전국에서 171개의 서점이 사라진 것과 단 한 개의 서점이 생긴 것이 면적상으로는 치환이 가능하다는 얘기다.

전체의 합이 같다고 해서 전국의 171개 작은 서점과 대도시의 단 하나의 서점을 바꿀 수 있는 것일까? 작은 도시나 농촌 지역에 사는 사람들은 동네 서점에 가서 책 한 권 고를 환경조차 가질 수 없는 걸까?

우리나라 서점의 변화는 전체 규모가 줄어드는 것보다는 소형 서점이 급속히 사라진다는 것이 핵심으로 흔히 '동네 서점 고사의 위기'로 표현된다. 이러한 현상은 중소 도시에서 확연히 드러나는데, 초대형

(단위: 개, %)

규모＼연도	2003년		2005년		2007년		2009년		2011년		2013년	
	서점수	비율	서점수	비율	서점수	비율	서점수	비율	서점수	비율	서점수	비율
20평 미만	2,017	56.2%	1,779	51.9%	1,525	47.0%	1,186	41.7%	958	37.2%	787	33.8%
20평~50평 미만	1,106	30.8%	1,108	32.3%	1,126	34.7%	1,056	37.1%	954	37.0%	887	38.0%
50평~100평 미만	266	7.4%	280	8.2%	318	9.8%	317	11.1%	348	13.5%	339	14.5%
100평~500평 미만	180	5.0	230	6.7%	246	7.6%	244	8.6%	282	10.9%	284	12.2%
500평 이상	20	0.6	32	0.9%	32	1.0%	43	1.5%	35	1.4%	34	1.5%
계	3,589	100%	3,429	100%	3,247	100%	2,846	100%	2,577	100%	2,331	100%

규모별 우리나라 서점 현황

출처: 한국서점조합연합회, 「한국서점편람」, 2014

서점의 등장으로 작은 서점이 초토화되는 문제는 빈번히 목격된다. 큰 나무 그늘 아래 있는 작은 나무들이 말라죽는 것과 같은 모습이다.

2007년 12월 교보문고 천안점이 개장하자 주변 서점들은 채 2년을 버티지 못하고 폐점했다. 교보문고가 들어서기 이전 천안에는 1,553 제곱미터(약 470평) 규모의 대훈서적과 몇몇 중대형 서점들이 영업 중이었다. 그러나 대학이 밀집한 천안이 잠재력이 높다고 판단한 교보문고가 대전점을 폐점하고 대훈서적 면적의 세 배 가까운 4,403제곱미터(약 1,332평) 규모로 천안에 상륙하면서 이곳의 토종 서점들은 줄지어 문을 닫게 되었다. 천안의 토종 서점인 씨티문고는 2008년 11월에 문을 닫았고, 대훈서적마저 2009년 3월 31일에 폐업하였다. 대훈서적은 충남 대전에 본사를 두고 있는 향토 서점으로 지역 작가들의 전시

생제르맹 거리를 걷다 보면 아르마탕
서점을 이곳저곳에서 만날 수 있다.
하나의 대형 서점으로 통합하지 않고
분야별 책을 개별 서점에서 판매한다.
이 서점은 아프리카, 인도양, 아랍,
남미, 아시아 분야 서적을 판매한다.

코너를 따로 운영하는 등 지역 친화적인 모습을 보였으나 거대 서점
에 밀려 사라져버렸고, 이와 함께 천안시 서점 조합도 해산되었다.[6] 저
수지에 흘러든 몇몇 외래 어종이 수많은 토종 어종을 멸종시키는 것과
같은 현상이 지방 도시 서점에서 나타나고 있다.

서점 *librairie*

4

작은 서점과
도시의 포용력

서점 > 신발 가게 > 약국

2013년을 기준으로 파리의 인구는 222만 9621명, 면적은 약 105제곱킬로미터이고 같은 해 서울의 인구는 1019만 5064명, 면적은 약 605제곱킬로미터이다.[7] 그렇다면 두 도시에는 얼마나 많은 서점이 있을까? 파리엔 756개의 서점이 있고, 서울엔 412개의 서점이 있다.[8] 파리보다 인구는 약 다섯 배, 면적은 약 여섯 배인 서울이 파리보다 344개의 서점을 덜 갖고 있단 얘기다. 두 도시에서 최근 10년간 빠른 속도로 서점이 줄어들고 있다는 점은 똑같다.

　파리의 경우 2003년과 2014년 사이 서점 213개가 줄었고, 특히 2011년과 2014년 사이 83개의 서점이 감소했다. 2014년 파리의 서점 현황을 살펴보면 675개 서점은 기존 서점이 계속 영업을 하는 것이고, 81개의 새로운 서점이 생긴 반면 164개의 서점이 폐업하여 사라졌다. 서울에서도 이러한 현상은 마찬가지여서 비슷한 기간을 살펴보면 2003년 547개였던 서점은 2013년에는 412개로 줄었고, 그중 2011년과 2013년 사이 423개에서 412개로 11개의 서점이 줄었다.

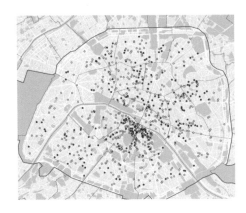

Librairie

Évolution 2011-2014 : - 9,9 %

○ Maintien de l'activité (675)
● Création (81)
● Disparition (164)
▨ Principaux équipements

Source : BDCom 2014 (code CE101)

파리 서점 분포도
노란색은 기존 서점, 빨간색은 신규 서점,
파란색은 사라진 서점을 나타낸다.
폐점한 서점은 새로 문을 연 서점의 거의 두 배다.
출처: APUR, 2014

서울에서의 서점 감소 추세가 파리보다 더 완만하다는 이유로 서울의 서점 상황이 파리보다 낫다고 말하긴 어렵다. 파리의 서점 감소 추세가 심각하긴 하지만 파리의 서점 숫자는 서울보다도 더 많고, 파리에서 서점은 여러 상업 시설 중 매우 높은 비율을 차지하고 있다.

최근 파리도시계획연구소(APUR)는 파리 상업 시설의 특성을 파악하기 위해 상업 시설을 식품 판매, 비식품 판매, 서비스 판매 세 가지 유형으로 구분하고 상업 시설의 숫자와 분포 및 증감 추이를 분석하였다. 그중 눈에 들어오는 결과는 업종별 상점 개수를 인구 만 명당 상점 수로 제시한 수치이다. 이 분석에선 서점, 문구점, 신문 판매점을 한 업종으로 묶었다. 파리 내 신문 판매점은 236개, 신문 가판점은 415개, 문구점은 184개로 이 세 개를 다 합치면 835개이며, 서점 756개와 함께 '서점 및 신문 판매점'으로 구분된다. 서점 및 신문 판매점은 상업 유형 구분에서 옷 가게, 신발 가게, 안경원, 꽃집 등과 함께 비식품군에 포함되는데, 비식품군 내 비교 결과를 보면 서점 및 신문 판매점의 개수는 옷 가게 다음으로 인구 만 명당 상점 수가 많다. 우리나라와 비교할 때 매우 놀라운 결과라 할 수 있다. 수치를 좀 더 자세히 살펴보면 인구 만 명당 옷 가게는 34.7개, 서점(서점 및 신문 판매점) 10.1개, 신발 가게 5.5개, 약국 5개, 시계·보석점 4.9개, 향수 가게 4.8개, 안경원 4.7개, 꽃집 3.9개이다. 즉 파리에선 약국보다 서점이 더 많다는 것을 알 수 있다.[9]

그렇다면 서울은 어떨까? 서울시 홈페이지에는 2013년을 기준으로 서울시 금융기관의 숫자는 2613개, 초등학교가 597개, 공연장이 304개, 공공 도서관이 123개로 소개되어 있다. 여기에 서울의 서점 개수 412개를 비교해보면 초등학교 한 개당 서점이 한 개도 되지 않는 꼴이고, 은행 지점이 여섯 개 있을 때 서점이 하나 있는 셈이다. 서울시 인구를 서점 수로 나눠보면 한 서점당 2만 4745명을 포괄하는 것이고, 프랑스 방식인 인구 만 명당 서점 수로 계산해보면 서울 인구 만 명당 0.4개의 서점이 있는 것이다. 반면 파리는 신문 판매점, 신문 가판점, 문구점을 제외한 서점 숫자만으로 계산하면 인구 만 명당 3.39개의 서점이 있다. 다시 말하면 인구수 대비 파리에는 서울보다 약 8배의 서점이 있다는 얘기다. 한때 우리나라에서 유행했던 '독서는 마음의 양식'이란 말이 무색해지는 순간이다.

생생한 동네 만들기

작은 서점이 도시에서 설 자리를 잃고 사라지는 현상은 상업 시설 전반에 걸친 문제이다. 인구 5~10만 정도의 작은 도시에 이마트나 홈플러스가 들어가면 그 주변의 동네 가게는 문을 닫는 위기에 처한다. 태백시 인구는 채 5만이 되지 않지만 이곳에도 이마트는 들어서 있다. 제주도에서는 7개의 대형마트 매출액이 도내 24개 재래시장과 상점가 및 약 1500개의 동네 슈퍼마켓 매출액을 모두 합친 것보다 높다고 한다.[10] 그럼에도 아직까지 우리나라에서는 대형 자본이 소규모 지역 사회에 침투하는 것을 적극적으로 제지하지 않는다. 한 달에 두 번, 일요일에 영업을 제한하는 정도로 영세 상인을 보호하기는 어렵다. 그나마 프랑스에서는 이러한 현상이 덜 일어나고 있는데 대형마트는 도시에 입점하지 못하도록 규제하고 동시에 중·소규모 기업을 적극적으로 보호하기 때문이다. 프랑스의 중·소규모 기업은 종업원 250인 이하, 사업 규모가 연간 5000만 유로 이하인 기업을 말한다. 그 외 수공업자와 영세 상인을 위한 여러 지원책도 펼치고 있다.

물론 그럼에도 거대 자본은 방법을 찾아낸다. 파리 시내에는 우리나라 이마트와 유사한 카르푸나 오샹과 같은 대규모 하이퍼마켓은 입점할 수 없지만, 이를 피해 SSM(Super Super Market, 대형마트 및 기업형 중형 슈퍼) 형태의 카르푸 시티, 카르푸 마켓 등 다양한 이름의 쉬프레트(suprette)가 급증하고 있다. 하지만 대형 매장에 대한 규제가 있는 것과 없는 것은 다르다. 최근에는 대구, 광주 같은 몇몇 지자체에서 기성 시가지 내 대형마트 입점을 규제하는 조치가 마련되고 있다. 이는 기존의 건축 입지 제한보다 강화된 조치로 영세 상인을 보호하기 위한 것이다.[11]

파리에는 아직까지 작은 상점, 서점, 카페 들이 대형 상점에 자리를 뺏기지 않고 생기 있게 살아가고 있다. 시 차원에서 비탈 카르티에(Vital'Quartier) 같은 프로그램을 운영해 소상공인을 보호하고, 그 지역이 독자적인 모습을 지닐 수 있도록 돕고 있다. 이는 도시재생, 지역 주민의 일자리 창출 같은 문제들과 복합적으로 진행되어 더욱 의미가 크다. 파리엔 프낙과 같은 대규모 복합 서점도 있지만 이보다 훨씬 작은 서점들이 동네 이곳저곳에 남아 있다. 우리가 파리를 아름다운 도시로 느끼는 건 이런 작은 가게들이 전해주는 소박하고 다양한 분위기 때문일지도 모른다.

프랑스에도 교보문고와 같은 대형 서점이 도시 중심지에 자리 잡고 있고, 많은 사람이 이곳에서 책을 산다. 하지만 우리나라와 다른 점은 도시마다 그곳의 역사와 함께 발달한 서점이 있다는 것이다. 파리엔 지베르 조제프가 있지만, 보르도의 대표적인 서점은 몰라(Mollat)이다. 그리고 릴에는 퓌레 뒤 노르(Furet du Nord)와 뫼라(Meura)가 있다. 프랑스에선 자신이 어릴 적 다니던 서점 이름을 얘기하면 그 사람이 어느 지역에서 자랐는지를 알 수 있다.

서울에선 한 집 건너 한 집이 편의점과 카페인 것처럼 파리 대학가인 카르티에 라탱에 가면 두어 집 건너 한 집은 서점이다. 그리고 서점 대부분은 아기자기하다. 파리 지하철을 타면 오래된 문고판을 읽고 있는 사람이 종종 눈에 띈다. 파리 곳곳에 작고 개성 있는 서점이 지금까지 잘 자리 잡고 있는 이유는 이런 모습과 밀접한 관계가 있는 게 아닐까.

5

영화 '비포 선셋'이
시작된 곳

셰익스피어 앤드 컴퍼니

영화 '비포 선셋'을 보면 전편 '비포 선라이즈'에서 아쉽게 헤어졌던 줄리 델피와 이선 호크가 중년이 되어 다시 만난다. 안타까운 운명의 장난으로 6개월 후 약속한 장소에서 만나지 못한 둘은 이선 호크가 그들의 이야기를 소설로 출간한 후 파리의 한 서점에서 열린 독자와의 만남에서 다시 조우한다. 오랜 시간 서로를 그리워했던 그들은 20여 년이 지나 파리의 작고 소박한 서점에서 마주하게 되는데 바로 그 서점이 셰익스피어 앤드 컴퍼니(Shakespeare and company)이다.

작지만 기품 있고 친근하며 문학적 냄새가 물씬 풍기는 곳. 세계적으로 유명한 베스트셀러 작가의 인간적인 모습을 접하고 목소리를 들을 수 있는 곳. 이런 모습이 우리가 원하는 서점의 모습이 아닐까? 실제로 이곳은 헤밍웨이, 제임스 조이스, 스콧 피츠제럴드 같은 20세기 최고의 문인들이 파리에서 가장 사랑했던 장소이다.

우리나라에서도 동네 서점이 사라진다는 위기 의식이 꽤 높아진 것 같다. 최근 문화체육관광부는 지역 서점의 문화 활동을 장려하고 있는

셰익스피어 앤드 컴퍼니.
미로와 다락방
같은 서점 내부 공간은
정말 사랑스럽다.

데, 공모에 당선된 서점에는 저자 강연, 시 낭송 대회, 독서 토론회 등 문화 활동 운영비와 시설 설치 비용을 지원해준다. 이런 행사는 중·소 규모 서점이 지역 문화의 중심점으로 자리하고 활기를 되찾게 해준다.[12]

또한 국립중앙도서관에는 최근 45제곱미터인 작은 서점 '책사랑'이 시범적으로 운영되고 있다. 시장 논리 속에서 경쟁력을 잃고 사라져 가는 작은 서점의 문제를 해결하기 위해 서점이 하나도 없는 지역에선 공공 도서관 내에 서점을 운영할 수 있게 해달라는 서점협회의 요청에 의한 것이다.[13]

서점에 부는 변화의 바람

대형 서점의 시장 독점화도 문제지만 요즘처럼 전자책과 인터넷 서점이 발달하는 시대에 서점의 입지가 좁아지는 것은 현실이다. 학교에서는 종이 없는 교실을 만들겠다 하고, 아이들은 글자를 태블릿 컴퓨터

로 배운다. 종이란 매체가 점차 일상생활에서 멀어지는 현상은 돌이킬
수 없는 흐름인 것 같다.

문화는 시대의 흐름을 따른다. 파리의 지베르 조제프가 오늘날과 같
은 서점 재벌로 성장한 데는 프랑스 학교 교육의 의무화가 배경에 있
다. 지방 학교의 고전어 선생님이었던 지베르 조제프는 1884년 파리
에 올라와 약 2년간 센 강가에 중고책 가판점을 열고 중·고등학교 참
고서를 판매하다 2년 후 생미셸가에 처음으로 서점을 여는데, 그가 서
점을 연 시점은 당시 교육부 장관인 쥘 페리(Jule Ferry)가 무상교육 제
도를 도입한 시기와 유사하다. 역사적인 사건과 개인의 안목이 일치한
결과 지베르 조제프는 지금도 번창하고 있다.

경제적 측면에선 이익이 충분하지 않더라도 한 사회의 문화나 정체
성을 유지하는 데 필요한 분야라면 공공의 지원이 요구된다. 프랑스에
서 양을 키우는 산업은 양 한 마리를 키울 때마다 손해가 나지만 전통
목축업을 유지하기 위해 이를 지원한다. 정부는 병이 들거나 늑대에게
물려 양이 죽게 되면 목축업자가 손해를 보지 않도록 배상을 해준다.
그래야만 프랑스 전통 목축업이 유지되기 때문이다. 이런 형태의 지원
이 우리나라의 동네 서점을 되살리기 위해 필요할 수 있다.

물론 서점의 자체적인 노력도 필요하다. 파리의 지베르 조제프는
2014년부터 문학상(Prix des libraires Gibert Joseph)을 만들어 좋은 작품
을 지원하여 문학계 발전에 기여하고, 더 많은 독자를 발굴하기 위해
노력하고 있다.

물론 서점 스스로도 이미 변하고 있다. 서촌에 자리한 길담서원은

01

02

03

01 지베르 조제프의 아시아 문학 코너.
한국 작가들의 책도 여러 권 소개되어 있다.

02 지베르 죈느에 판매할 중고책을
추리는 사람들.

03 길담서원은 동네 서점을 넘어 토론과
사색의 장으로 자리매김했다.

04 파리 풍경을 아름답게 만들어주는
센 강변의 서적상들.

04

단순히 책을 파는 공간이 아니라 책을 사랑하는 사람들이 만나고 토론하는 복합적인 공간으로 자리매김했다. 하지만 이와 같은 문화 공간이 동네 곳곳에 확산되는 건 쉬운 일은 아닐 것 같다. 엄마가 아이 손을 잡고 가서 함께 책을 고를 수 있는 서점은 상업 시설이기보단 공공의 자산일 수 있다. 글만큼 그 나라 고유의 문화를 고스란히 담고 있는 매체가 있을까? 멸종 위기에 처한 동물의 서식지가 보호받는 것처럼, 동네의 작은 서점을 보호하고 지역 문화의 구심점이 되도록 방안을 마련하는 것은 매우 중요하다.

파리 센 강변엔 217명의 서적상이 있고, 900개의 진녹색 나무 상자엔 약 30만 권이 넘는 책들이 담겨 있다.[14] 이쯤 되면 길가의 책과 서적상도 낭만적인 도시 풍경의 일부이다. 우리 동네에 초록색 차양과 오래된 나무 간판을 지닌, 줄리 델피와 이선 호크가 다시 만난 곳과 같은 서점이 있다면 그곳을 지날 때마다 소설을 읽고 시를 외우던 젊은 시절의 감수성이 되살아날지도 모른다. 그리고 어쩌면 시청 앞 지하철역이 아닌 동네 서점에서 그녀를 다시 만날 수 있을지도.

04

parc

공원

13:30

클로딘

뤽상부르 공원

Jardin du Luxembourg

날씨가 좋은 날은 파리의 모든 사람이 거리로 공원으로 볕을 쬐러 나오는 듯하다. 다들 선글라스를 끼고 하늘을 바라보며 행복하고 나른한 표정을 짓고 있다. 나도 그들 틈에 낀다.

낮엔 공원에서 친구 케이샤를 만나기로 했다. 공원 벤치에 앉아 여유롭게 주변 풍경을 바라보며 샌드위치를 먹는 것보다 주말을 실감 나게 해주는 점심은 없다. 공원이 없는 파리는 어떨까? 멋진 건물이 많기도 하지만 파리의 매력은 곳곳에 있는 공원이나 광장 같이 열린 공간에서 나온다. 동양 미술에서는 여백의 미가 중요하다는데, 파리에서는 공원이 그런 역할을 하는 것 같다.

파리엔 공원이 참 많다. 버스 정거장 앞의 벤치만 몇 개 있는 손바닥만 한 공원, 과거 왕궁의 정원이었던 웅장하고 고풍스런 공원, 철거된 공장 부지를 활용해서 만든 현대식 공원, 영국식 공원, 프랑스식 공원…. 그중 내가 좋아하는 공원은? 음, 하나만 고르긴 힘들다. 팝도, 클래식도, 아프리카 토속 음악도 각자 아름답고 어울리는 곳이 다른 것처럼, 각각의 공원은 자기 자리에 딱 맞는 모습으로 휴식과 여가 공간을 제공해준다.

공원을 음악에 비교하니 진짜 서로 비슷하단 생각이 든다. 바로크, 고전주의, 낭만주의 등 시대에 따라 유행하는 스타일이 바뀐 것처럼 공원도 시대에 따라 다른 형태로 지어졌다. 하긴 조는 사람이 많다는 것도 음악회와 공원의 또 다른 공통점이려나.

공원 *parc*

이제 횡단보도만 건너면 뤽상부르 공원(Jardin du Luxembourg)이다. 공원을 둘러싼 창 모양의 진녹색 철제 울타리는 참 위풍당당하다. 하긴 뤽상부르 공원에는 의회가 있고, 이곳 시설은 모두 의회가 관리하니 그럴 만도 하다. 하지만 저 진녹색 철제 울타리는 파리 공원에서 볼 수 있는 공통의 코드이다. 마음만 먹으면 얼마든지 넘어 들어갈 수도 있는 동네 작은 공원에까지 왜 굳이 울타리를 치고 문을 다는 것일까? 다른 나라의 공원에도 녹색 철제 출입문에 열고 닫는 시간이 적혀 있을까?

프랑스 공원만의 또 다른 특징은 독특한 수목 형태이다. 프랑스식 정원에선 나무를 기하학적 모양으로 깎는데, 마치 동화 속에 들어온 느낌이다. 위에서 내려다보면 여러 무늬가 반복되어 화려한 양탄자처럼 보인다. 아침마다 이를 바라보던 귀족들은 어떤 기분이었을까? 바

기하학적 형태로 유명한 베르사유궁의 정원.
이상한 나라의 앨리스에 나올 법하다.

로 옆 나라인 영국의 공원은 자연스런 둔덕과 큰 나무, 군데군데 모여 핀 꽃과 수풀 들로 매력적인 전원 풍경을 연출하는데, 이런 큰 차이는 어디서 오는 걸까? 이런 게 바로 문화적 차이일까?

공원을 둘러싼 철책에 전시회 포스터가 붙어 있다. 아, 케이샤가 말한 전시회가 바로 저거였구나! 케이샤 말로는 오늘 뤽상부르 공원 오랑주리(orangerie)에서 좋은 전시가 열린다 했다. 예전에 왕궁의 정원이었던 공원 중에는 오랑주리가 있는 곳이 많다. 튀일리 공원에도, 베르사유궁에도 오랑주리가 있다. 추위에 약한 오렌지 나무를 겨울에 키우기 위해 만든 공간이지만 요즘엔 미술관이란 단어가 먼저 떠오른다. 오렌지 나무라 쓰고 미술관이라 읽는다? 공원에서 멋진 미술 작품까지 만날 수 있다니 대만족이다. 게다가 이름까지 달콤하지 않은가!

뤽상부르 공원의 오랑주리.
오랑주리는 식물이 겨울을 날 수 있도록 고안된 건물이다.

공원 *parc*

드디어 공원에 도착. 케이샤는 벌써 도착해서 배 셔벗을 손에 들고 있다. 여기 키오스크에서 파는 아이스크림은 꽤나 맛있어서 주말엔 한참 줄을 서야 한다. 역시 예상한 대로 정말 많은 사람들이 공원을 가득 채우고 있다. 두리번두리번 의자를 찾아봤으나 역시 이 시간대에 빈 의자를 찾기는 거의 불가능하다. 연녹색 철제 의자가 쌓여 있는 곳은 너무 멀다. 요즘은 비에 젖어도 녹슬지 않고 가벼운 의자도 많은데 왜 이 무거운 연녹색 주물 의자를 고집하는 걸까?

조금 걸으니 포니와 배설물 냄새가 진동한다. 나도 어릴 때 이곳에서 포니를 탄 적이 있다. 포니와 놀이터 얘기가 나왔으니 말인데, 뤽상부르 공원에서 가장 인상적인 것은 공원 중앙 연못에서 아이들이 배를 띄우는 모습이다. 오늘도 애들은 고꾸라질 듯 연못가에 매달려서 각국 국기가 달린 배를 장대로 띄우고 있다. 1881년부터 아이들은 이곳에서 배를 띄우고 놀았다는데, 그때 애들도 나처럼 연못 가운데 배가 멈춰서 돌아오지 않을 걸 걱정했으려나.

점심시간이 되자 운동복 차림의 사람들은 점차 사라지고 관광객과 놀러 나온 사람들로 공원이 붐빈다. 오늘은 오후 4시에 공원에서 음악회도 열리는데, 파비용(parvillon)에서 투르(Tour) 오케스트라 단원들이 준비를 하고 있다.

친구랑 오랜만에 수다를 떨며 샌드위치도 먹고 산책도 하며 공원

01   02

03

01 오래전부터 이어져온 뤽상부르 공원의
배 띄우기 놀이.
출처: 프랑스 국립도서관

02 뤽상부르 공원 중앙 연못에 띄울
배를 고를 수 있는 장난감 배 대여 수레.

03 오케스트라 단원들의 연주 공간으로
주로 쓰이는 뤽상부르 공원 파비용.

04 자르댕 데 플랑트의 벌집.
프랑스에서 꿀벌은 나폴레옹 1세가 이끈
제국을 상징한다.

04

남쪽 문으로 향했다. 큰 나무들이 우거진 곳에 벌집이 눈에 띈다. 여기뿐 아니라 자르댕 데 플랑트(Jardin des Plantes)에도 비슷한 모양의 벌집이 있다. 안내판에는 이렇게 쓰여 있다. "꿀벌은 과거부터 충성의 상징으로 곧 프랑스 제국을 상징한다." 그러고 보니 나폴레옹 1세가 황제 대관식 때 1,500마리의 금색 꿀벌이 수놓아진 망토를 입었다는 글을 어디선가 읽은 기억이 난다. 여왕을 위해 평생 충실하게 봉사하는 꿀벌처럼 국가를 위해 다들 최선을 다해 봉사하라는 의미인가? 프랑스 혁명 정신엔 별로 어울리지 않는걸….

그러고 보니 공원을 잔뜩 메운 사람들이 벌집에 모인 꿀벌들 같다. 일주일 내내 열심히 일하고 짧은 휴식을 위해 모여드는 사람들. 공원은 한 주 내내 정신없이 일에 몰두했던 사람들이 잠시 쉬기 위해 모여드는 벌집인지도 모르겠다.

지우

삼청공원

삼청공원은 벚꽃 피는 봄날 저녁과 비 내리는 토요일 아침이 가장 예쁘다. 근처에서 고등학교를 다닐 때 수업이 일찍 끝난 날이나 주말에 가끔 들러 친구들과 놀던 곳이다. 오랜만에 고등학교 단짝 친구와 이 공원에서 만나기로 했다. 삼청공원은 큰 도로에서 떨어진 삼청동 안쪽에 자리 잡아 찾는 사람이 많지 않아 좋다. 안국역에서 내려 공원으로 가는 좁은 골목길의 떡볶이집, 만둣집, 작은 액세서리 가게가 아직 그대로다. 아, 그리운 시절이여!

처음 왔을 땐 작은 입구에 비해 안쪽에 이렇게 크고 좋은 공원이 있어 놀랐었다. 들어가면 그림처럼 예쁜 숲속도서관도 있고 오래된 나무도 많아 분위기가 참 좋은데 공원 입구에선 그런 모습을 상상하기 힘들다. 공원으로 올라오는 도로는 높은 벽과 주차장이 막고 있고 공원은 뒤에 숨어 있다. 조용해서 좋긴 하지만 이렇게 좋은 공원을 주차장으로 막고 있는 건 아무래도 아깝다.

"나 도착. 어디 있음?" 바로 톡이 온다. "미안, 아직 지하철. 20분쯤 후 도착 ㅜㅜ"앤 학생 때도 맨날 지각하더니 여전하네. 공원을 둘러보며 기다려야겠다. 아님 막간을 이용해 운동이나 할까?

요즘 이런저런 이유로 여러 공원을 찾다 보니 이젠 나름 공원 마니아가 됐다. 새로운 공원을 찾아가보기도 하고, 집 근처 공원은 틈날 때마다 찾는다.

첫 번째는 단연 운동 때문이다. 아파트 단지에서도 운동은 할 수 있지만 그래도 왠지 유행하는 운동복을 입고 넓은 공원에 가야만 운동 효과가 나는 것 같다. 남녀노소를 불문하고 밤 운동이 유행이라 밤 10시가 넘어도 공원은 운동하는 사람들로 한창이다. 다들 낮엔 일을 하거나 공부를 해야 하니 밤밖에 운동할 시간이 없나 보다.

두 번째는 누군가를 만나기 위해서다. 공원에서 친구를 만나기도 하고 데이트도 공원에서 한다. 단, 이때는 좀 더 집에서 멀고 큰 공원에 간다. 언제부터인지 선유도공원, 난지공원 같은 멋진 곳들이 생겼고, 서울숲 같은 대규모 인공 숲도 생겼다. 한강공원도 예전과는 비교도 안 되게 아기자기하고 예쁘다. 서울에서 공원 관광 코스를 짜도 될 정도다. 그중 선유도공원은 데이트 코스로 추천한다. 다리를 건너 갈대숲을 걷다 보면 파주 어디쯤 와 있는 것 같다. 이런 곳에서 해 지는 오후에 커피를 마시고 있으면 남자 친구가 커피 광고의 주인공인 듯한 착각까지 들 정도다. 하지만 굳이 찾아가지 않아도 길을 걷다 보이는 작은 공원에 앉아 쉴 때도 많다. 어찌 보면 이런 공원이 도시에 진짜 필요한 공원인 것 같다. 인사동 입구에 있는 포켓 공원처럼 자투리 공간을 이용한 공원은 도시를 여유를 선사한다.

이곳저곳을 돌아다니다 보니 우리나라 공원에만 있을 것 같은 몇 가지 특징을 발견했다. 우선 어디에나 운동기구가 있다. 동네 공원은 그렇다 쳐도 서울숲에도 한강에도 동일한 모델의 체력 단련 기구들이 보인다. 이 기구들은 가끔 산 중턱에도 있어 누가 이 높은 곳까지 와서 운동을 할까 궁금해진다. 서양에선 사람이 많이 모일 만한 곳엔 어디나 회전목마가 있는데, 우리나라 공원엔 회전목마 대신 체육 시설이 자리한다. 먼 훗날 공원의 운동기구들은 21세기 웰빙 시대의 상징물로 박물관에 전시되려나.

또 다른 특징은 음악이다. 요즘 여러 공원에서 음악을 트는데 매주 같은 시간대에 같은 음악을 틀어 질릴 정도다. 주말 7~8시 한강공원 잠원 지구엔 아바(Abba)의 'I have a dream'이 나오고 바로 뒤이어 발라드 가요가 나왔었다. 한동안 한강에 꽂혀 돗자리랑 그늘막까지 챙겨서 매주 갔었는데 같은 음악을 여름 내내 듣자 공원에선 귀도 휴식을 원한다는 얘길 관리 사무소에 꼭 전하고 싶었다.

한강공원 얘기가 나와서 하는 말인데 우리나라 공원은 이젠 어느 나라와 비교해도 꽤 멋진 편이다. 그런데 적당한 수준을 넘어 너무 멋을 내다 보니 문제가 발생하는 것 같다. 여유 있던 한강공원에 디자인이란 이름으로 뭔가 하나하나 덧붙이더니 이젠 쉴 새 없이 영상이 돌아가고 조명이 번쩍인다. 주말엔 이름 모를 외국 남자가 전통 시장을 방문해서 매운 떡볶이를 먹고 쩔쩔매는 영상이 거의 10분 간격으로 반복 상영됐었다. 강가에 띄워놓은 카페도 시시각각 무지개 색깔로

01

02   03

04

01 폐쇄된 정수장을 공원으로 재탄생시킨 선유도공원은 물을 주제로 한다. 노후된 산업 시설을 활용하여 시간을 간직한 공원으로 만들었다.

02 우리나라의 공원이나 공지 어느 곳에서나 운동기구를 만날 수 있다.

03 여러 건조물들이 들어서면서 한강공원은 예전의 모습을 잃었다.

04 공원 덕분에 서울과 같은 대도시에서도 누구나 풀밭에 드러누워 여유를 즐길 수 있다.

공원 *parc*

변하며 빛을 쏟아낸다. 달밤에 켜놓은 한강공원의 관광 홍보 영상은 도대체 누구를 대상으로 끝없이 돌아가면서 빛공해를 유발할까? 때문에 아늑하던 서래섬 주변 한강 야경이 다 망가져버렸다.

휴식을 위한 공원이 점점 피곤한 공간으로 변해간다. 공원은 공원다워야 한다. 공원은 무엇보다 도시의 말초적인 자극에서 벗어나 쉬러 오는 곳이 아닌가?

드디어 저기서 친구가 뛰어온다. 참 빨리도 오시는군. 하지만 친구가 늦은 덕분에 조용히 산책을 즐길 수 있었다. 우리나라엔 센트럴파크, 하이드파크처럼 도시 중심에 위치한 유명한 공원이 없다. 하지만 그런 공원이 없는 건 굳이 그럴 필요가 없기 때문일 수도 있겠다. 한강은 물론 남산, 북한산, 관악산도 다 공원이니까.

04

parc

공원

공원의 등장:
시민사회를 알리는 팡파르

공원의 탄생

기원으로 따지자면 공원은 서양 문물이다. 개화기까지 본격적인 산업화를 겪지 않은 우리나라는 20세기 초까지 서양처럼 심각한 도시문제에 직면하지 않았고, 한편 산과 구릉이 많아 인공적으로 녹지 공간을 조성할 필요성이 적었다. 반면 산업혁명이 시작된 18세기 이후 유럽의 대도시는 극도로 밀집되고 오염되어 도시 내 햇빛과 깨끗한 공기가 들어올 수 있도록 하는 것이 시급한 문제로 대두되었다. 이에 19세기 유럽 대도시에선 집, 도로, 상하수도를 건설하여 기본적인 생활 조건을 갖추고, 외부 공간에는 공원을 조성하여 비좁고 어두운 도시에 휴식과 여가 공간을 제공하는 데 집중적으로 노력한다.

한자로 공원(公園)은 '공공의 정원'이라는 뜻이다. 즉 다수가 함께 사용하는 공간으로 공공이라는 이용자가 중요한 의미를 지닌다. 그러나 공원은 왕족이나 개인의 영지 같은 사적 공간에서 유래되었다. 프랑스에서는 12세기 필리프 오귀스트 왕의 사냥터로 쓰기 위해 뱅센 숲에 한정된 영지를 조성하였는데 이곳이 프랑스 최초의 공원으로 여겨진다. 이처럼 초기의 공원은 궁이나 영지에 속한 넓은 야외 공간을 사냥터로 쓰거나 가금류를 키우기 위해 두꺼운 벽이나 울타리로 둘러싼 모습이었다.

중세 시대에 왕족과 귀족은 자신이 소유한 넓은 영지를 사냥터로 이용하거나 자신의 부를 드러내기 위해 수목을 심고 가꾸었다. 이 시대의 정원은 채소를 재배하는 실용적 성격에서 점차 철학적이고 미적 가치를 추구하는 귀족 정원(jardin aristocrate)으로 변화된다. 귀족 정원은 이상적인 미를 추구하고, 수목을 통해 아름다움과 정신적 고요함을 구현하고자 하는데 이는 에덴동산을 지상에 구현하려는 시도로 여러 책에서 해석된다.[1]

문화 예술 부흥기인 르네상스 시대에는 여러 뛰어난 궁전과 건축물이 지어지면서 유럽 도시의 대표적인 정원들도 조성된다. 파리 관광안내서에 반드시 방문해야 할 장소로 소개되는 뤽상부르 공원이나 튀일리 공원 등이 바로 이 시기에 조성되었는데, 재미있게도 이 공원들은 남편을 잃은 메디치가 여인들과 관련되는 묘한 공통점이 있다.

파리를 상징하는 루브르궁 앞에 위치한 튀일리 공원(Jardin de Tuileries)은 카트린느 드 메디치와 연관된다. 1559년 앙리 2세가 스코틀랜드 근위 대장과의 어이없는 결투로 죽자 카테리나 데 메디치는 남편을 잃은 투르넬 저택을 떠나기 위해 튀일리궁을 건설하고, 1564년부터 이 궁의 일부로 튀일리 정원을 조성했다. 또한 오늘날 프랑스 의회가 자리 잡고 있는 뤽상부르 공원은 17세기 초 마리아 데 메디치에 의해 만들어진다. 결혼 후 10년 만에 남편 앙리 4세가 죽자 마리아 데

01

01 루브르궁 앞에 위치한 튀일리 공원.

02 17세기 조성 당시의 공원 및
뤽상부르궁 평면도.

03 뤽상부르 공원 중앙부 모습.
사람들이 사용하는 연녹색 철제 의자는
19세기의 것과 형태와 색상이 동일하다.

02

03

메디치는 루이 13세의 사냥터로 쓰이던 영지에 새로 궁을 짓게 했다. 그녀는 뤽상부르궁을 건설하면서 고국인 이태리 피렌체의 건축 형태를 따라 정원에 넓은 테라스를 설치하고, 꽃으로 가득 채워 자신이 꿈꾸던 정원을 만들었다.

이 시대의 정원과 이후에 조성된 공원은 사용자와 소유자에 의해 차별화된다. 시기에 따라 일반에 개방되기도 하였으나 이때까지의 정원은 어디까지나 사유지로, 소유자가 종종 일반인의 출입을 막기도 했다. 뤽상부르 공원의 경우 1615년부터, 자르댕 데 플랑트는 1626년부터 일반에 개방되었으나 이후 왕이나 영향력 있는 귀족에 의해 때때로 시민의 출입이 금지되었다.[2] 프랑스 혁명 이전의 공원은 사유지이자 소유주의 의도와 아량에 따라 개방되는 공간으로 오늘날과 같은 공적 공간으로 보기는 어렵다.

도시악과 시민 공원의 등장

19세기에 들어 공원의 공공적 역할이 강조되면서 기존의 정원(jardin)과 다른 공원(jardin public)이 생겨났다. 과거의 귀족 정원은 예술적 감성과 정신적 평화를 추구한 반면 이 시기의 공원은 생산의 논리와 공학적 접근을 토대로 계획되기 시작한다. 이때부터 공원은 공공재의 성격을 지니는데, 이는 정부에 의해 직접 조성되고 계획 초기부터 공공을 위한 공간으로 마련되었음을 의미한다.

19세기 도시공원이 급속히 확산된 데는 두 가지 의미를 부여할 수

01

02

03

01, 02 1867년 문을 연 뷔트 쇼몽 공원.
이전 시대에 조성된 기하학적 패턴
위주의 귀족 정원과 달리 자연스럽다.

03 뷔트 쇼몽 공원 조성 당시 그림
Henri Charpentier, 〈Square des Buttes – Chaumont〉,
1871

04 뷔트 쇼몽 공원은 인위적으로
조성했다고 믿기 어려울 정도로
경관이 드라마틱하다.

04

있다. 극도로 열악한 도시 환경 속에서 노동자 계급의 물리적 생활환경을 개선하기 위한 도시계획적 방안[3]으로서의 의미와 노동자 계급에게도 여가 활동과 삶의 질을 보장하기 위한 노력이 시작되었다는 사회학적 의미이다. 프랑스에서 가장 먼저 조성된 공원 중 하나인 뮐루즈 공원(Parc de Mulhouse)은 식물원과 동물원을 갖추고 1868년에 문을 열었는데, 이 공원의 조성 목적은 "노동자 계층에 여가 공간을 제공하기 위해"라고 적혀 있다.

19세기를 거쳐 공원이 조성되면서 왕족과 귀족을 위해 존재하던 도시는 시민이라는 새로운 주인공을 맞았다. 과거 왕족이 여가를 보내던 궁전 정원이 공원으로 변화되고, 그 한복판에 노동자가 앉아 휴식을 취하는 모습은 새로운 시대의 시작과 그 사회의 주인공이 시민 계급임을 알려준다. 중세 봉건 시대를 겪지 않은 미국의 공원들은 처음부터 도시계획에 의해 체계적으로 조성되어 유럽의 공원과 같은 다양한 모습을 지니지 않는 반면 파리의 공원은 시민사회와 민주주의의 발전을 대변한다. 귀족에게만 허용되었던 자연과 녹지를 시민이 함께 누리면서 도시는 서서히 '악의 근원'이란 이름에서 벗어나게 된다.

다른 듯 닮은
두 도시의 공원

시민운동과 근대 공원의 조성

우리나라에 공원이 도입된 것은 19세기 말 개화기쯤으로, 1884년 인천에 만들어진 자유공원이 최초의 공원이다. 인천 개항으로 조성된 이 공원은 공원 조성을 약정한 문서에는 'Public Garden'으로 표기되었으나 실상 제국주의 국가가 우리나라에 진출하기 위한 체류지의 성격을 지녀, 부지 내에는 신사가 조성되고 주로 일본인이 거주한 외국인 점유 공간이었다.[4] 그렇지만 몇 년 후에는 우리나라에도 시민을 위한 공원이 조성되었고, 더 나아가 국민의 손으로 만들어지기도 했다.

독립문과 함께 1896년에 조성된 독립공원은 국민의 여가 활동과 교육 수준을 향상하기 위해 독립협회 회원의 기부금으로 만들어진 공간이다. 우리 도시에도 공원을 조성하여 도시 환경을 개조하고 시민의 삶의 질을 높여야 한다는 여러 선구자들의 주장이 맺은 결실이라 할 수 있다. 아쉽게도 1898년 독립협회가 해체해 조성 당시 공원의 모습을 구체적으로 알 수는 없으나, 독립공원은 위정자에 의해 공원이 조성된 서양과는 달리 주권과 자주 의식을 높이기 위해 시민의 자발적

의지와 모금으로 만들어져 큰 의미를 지닌다.

　한편 오늘날까지 종로에 남아 있는 탑골공원은 고종의 지시로 1897
년 원각사 터에 조성되었다. 당시 원각사 터에는 원각사지탑이 서 있
고 주변에는 가옥들이 자리 잡고 있었는데, 이를 정부에서 매입하여
주민을 이주시키고 도시 공간을 정비하여 오늘날 탑골공원을 조성했
다. 서양 공원을 본떠 공원에 파빌리언을 설치하고 음악을 연주해 시
민이 들을 수 있도록 꾸몄고 실제로 군악대가 공연하기도 하였다. 이
공원은 1910년 이후부터 파고다공원 또는 탑동공원이라 불리기 시작
했는데, 도시 한가운데 위치하고 외부 공간이 넓어 3·1 운동이 시발하
는 장소가 된다.

　탑골공원의 조성 과정을 보면 우리나라가 근대 사회로 전환되고 있
었음을 알 수 있다. 공원 조성 과정은 언론을 통해 자세하게 보도되었

탑골공원은 우리나라 독립운동의 모습을 전해준다.

는데, 토지 수용을 위해 이 지역에 살던 주민에게 보상금을 주어 타지로 이주시킨 후 공원을 조성하여 오늘날 개발 사업의 토지 보상 및 수용 절차와 비슷하게 진행되었음을 알려준다. 즉 우리나라에도 일제강점기 이전에 이미 도시계획 및 보상 제도와 같은 근대적 제도가 있었고, 정부는 국민을 위한 공공 시설을 마련하는 데 노력을 기울였다.

한편 서양에서 왕궁 정원이 개방되어 공원의 기능을 수용한 것과 같이 우리나라의 궁들도 일제강점기부터 일반에게 개방되어 공원으로 활용되었다. 그러나 우리나라 왕궁의 공원화는 시민에게 공공 공간과 녹지를 제공하는 목적보다는 일본 침략을 강화하기 위한 수단으로 사용되는 안타까운 모습을 나타낸다.

조선총독부는 왕이 거주했던 창경궁을 동물원으로 이용하여 조선 왕조를 격하했고, 남산공원과 같이 새로 조성된 공원에는 신사를 짓고 벚꽃을 심어 침략과 통치의 수단으로 활용했다. 이처럼 일본이 공원을 정치적 수단으로 활용했음에도, 탑골공원은 일제강점기 내내 조선 독립을 염원하는 구심점 역할을 했다. 3·1 운동이 일어난 후 조선총독부는 탑골공원의 폐쇄를 논의하기도 하였으나 반일 감정을 격화시킬 수 있다는 우려로 폐쇄하지 않았고 오늘날까지 공원이 보전되고 있다.

두 도시의 현대 공원

파리에서 가장 큰 공원은 1979년 조성된 라빌레트 공원(Parc de La Villette)으로, 이 공원은 약 55만 제곱미터의 넓은 면적과 초록색 잔디

위에 떠 있는 과학관 '제오드(Géode)', 건축가 츄미가 디자인한 빨간색 구조물 '폴리(Folies)'로 유명하다. 파리 북동쪽에 자리한 이 공원은 도축장이 도시 외곽으로 이전하며 생긴 부지를 활용하여 조성한 것이다. 도시가 발달하면 도시 중심에 위치했던 시장, 도축장 등은 교통 혼잡과 위생 문제로 인해 지가가 낮고 교통이 편리한 교외 지역으로 이전하게 되고 이로 인해 도시에 유휴 부지가 발생한다.

파리 시가 옛 도축장 부지에 건물을 짓지 않고 라빌레트 공원을 조성하자 빈민층과 이민자 들이 주로 거주했던 주변 지역은 훨씬 밝아졌다. 대규모 이전 부지나 도시 내 유휴지를 공원으로 조성하는 파리 시의 노력은 계속되고 있다. 1993년에 조성된 앙드레 시트로엥 공원(Parc André Citroën)도 옛 시트로엥 공장 부지를 활용한 것이고, 클리시 바티뇰 마틴 루터 킹 공원(Parc Clichy-Batignolles Martin Luther King)은 파리 시 외곽의 철도 부지를 활용하여 낙후된 지역을 재생하기 위해 2007년에 조성한 생태공원이다.

서울에서도 이전 적지나 유휴지를 공원으로 조성하는 데 많은 노력을 기울이고 있다. 1970년대부터 사용되던 정수장이 2000년에 폐쇄되자 물을 테마로 한 생태공원으로 조성한 곳이 선유도공원이다. 이 공원에서 기존 건축 구조물과 산업 유물(留物)은 훌륭한 공원 디자인 요소로 활용된다. 과거 흔적과 한강 변의 아름다운 자연환경이 어우러져 외국의 어느 공원 부럽지 않은 멋지고 극적인 공간을 연출한다. 이 외에도 서울시는 쓰레기 매립장이었던 난지도를 노을공원과 하늘공원으로 탈바꿈시키고 뚝섬에는 서울숲을 조성하여 대규모 공원을 만들었다.

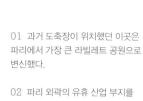

01

02

01 과거 도축장이 위치했던 이곳은
파리에서 가장 큰 라빌레트 공원으로
변신했다.

02 파리 외곽의 유휴 산업 부지를
활용한 클리시 바티뇰 마틴 루터 킹
공원은 생태공원으로 조성되었다.

03 선유도공원은 정수장 시설을
재탄생시킨 곳이다.

04 하늘공원을 보고선 과거
쓰레기 매립장이었다고 상상하기는
어렵다.

03   04

루이 14세가 어린 시절을 보냈던 팔레 루아얄(Palais Royal)은 이제 시민들의 휴식 공간으로 사용되고 있다.

　　20세기 후반부터 두 도시는 과거 산업 유산의 부지나 이전 시설 부지를 활용하여 적극적으로 대규모 공원을 조성하고 있다. 산업 유산이나 혐오 시설, 오염 시설이 떠난 자리에 만들어진 대규모 공원은 노후된 지역을 재생시키기도 하고, 도시를 쾌적하게 만들어 사회적으로도 환영받는다. 빈 땅이 생기면 집을 짓던 개발 중심 시대를 지나 이제 공원을 조성하는 시대에 들어섰다. 공원을 지어 거주 환경이 쾌적해지면 주변의 집값도 올라가 주민들은 더욱 반긴다. 서울숲이 조성되자 인근에 건설된 갤러리아포레는 3.3제곱미터당 분양가 4500만 원으로 거래되어 역대 주거용 건축물 중 최고 분양가를 기록했다. 이쯤 되면 쾌적한 환경과 산책 공간을 떠나 부동산 가치를 위해서도 공원은 환영받는다. 왕궁 정원에서 출발해 시민사회의 성장을 상징했던 파리의 공원과 우리나라의 자발적 근대화와 독립 정신의 증인인 서울의 공원은 이제 가장 시크한 도시계획 아이템이 되었다.

101가지 공원의 기능과
최신 트렌드

여가, 위락에서 문화, 휴식으로

공원에서 할 수 있는 활동엔 무엇이 있을까? 휴식, 운동, 전시회, 독서, 그림 그리기, 바자회 물품 판매, 패션쇼, 피크닉, 유치원 운동회 이외에도 몇십 개쯤은 더 나열할 수 있을 듯하다. 그렇다면 공원은 무엇으로 구성될까? 나무, 꽃, 벤치, 새, 사슴, 자전거 보관소, 자판기, 야외무대, 조각상….

　우리나라의 공원은 '도시공원 및 녹지 등에 관한 법률'에 의해 조성되는데, 이 법은 공원의 종류와 공원에 설치되는 시설·관리 등을 규정한다. 이 법에 따르면 공원에는 식수대, 잔디밭, 폭포와 같은 조경 시설 외에도 야영장, 경로당 같은 휴양 시설과 시소, 그네 등의 유희 시설이나 운동 시설을 설치할 수 있고, 그 외에 독서실, 온실, 미술관, 어린이집 같은 교양 시설과 휴게 음식점, 전망대, 시계탑과 같은 편익 시설도 설치 가능하다. 그 밖에도 창고, 차고 등의 공원 관리 시설과 텃밭과 같은 도시 농업 시설 등이 들어갈 수 있다. 정말 다양하지 않은가? 공원에는 도서관이나 독서실은 물론 노인 복지관 심지어는 유스호

스텔도 들어설 수 있다.

　이처럼 다양한 기능은 시대의 요구에 따라 공원에 하나씩 덧붙여진 것들이다. 초기에는 주로 수목과 화초류를 가꾸고 이를 중심으로 산책과 휴식 공간을 제공하는 것이 공원의 기능이었다. 그러나 곧 이국의 진귀한 식물을 모아 소개하는 온실과 식물원이 공원에 조성되었고, 동물원도 함께 만들어졌다.[5] 이는 휴식과 동시에 시민이 다양한 지식을 얻게 하려는 교육적 목적에 의한 것이었다.

　19세기 후반에는 여가를 위한 놀이공원과 어린이를 위한 공원 기능이 덧붙여졌다. 공원의 기능이 복합화되자 공간의 모습도 다양해졌다. 1867년 개장한 뷔트 쇼몽(Buttes Chaumont)처럼 그림 같은 풍경이 목적인 공원에는 울창한 나무와 호수, 폭포가 조성되었고, 1860년 개장한 자르댕 다클리마타숑(Jardin d'Acclimatation) 같은 여가를 위한 공원에는 경기장, 놀이동산, 피크닉 공간이 만들어졌다. 어린이를 위한 공원엔 놀이터를 비롯해 장난감과 아이스크림을 파는 키오스크가 등장했다. 물론 이처럼 다양한 모습이 한 공원에 복합적으로 나타나기도 한다.

17세기 초 의료 식물 정원으로 조성된 자르댕 데 플랑트(Jardin des Plantes)에는 동물원과 두 개의 큰 온실로 구성된 식물원이 있다. 자연사 박물관, 광물학 및 지질학 전시관 등이 공원 안에 있어 당시 공원은 교육, 휴식, 의료 등 복합적인 기능을 수행했음을 알 수 있다.

공원 *parc*

탑골공원에서 보듯 우리나라의 초기 공원 역시 식재와 휴식 공간 위주로 조성되었으나 곧 복합적인 여가 활동을 담게 되었다. 이를 단적으로 잘 보여주는 곳이 1973년 개장한 어린이대공원이다. 이 공원은 당시 대통령의 지시로 대한제국 순종 황제의 비인 순명효황후의 유릉 부지에 만들어졌는데, 식물원, 동물원, 야외 음악당 등 다양한 볼거리와 교육 시설, 운동 시설, 놀이동산을 갖추었다. 그러나 조성 당시 동양 최대 규모였던 어린이대공원은 1980년대까지는 사람들로 붐볐으나 에버랜드, 서울랜드 등이 개장한 후 놀이공원 기능이 축소되었고, 서울 시장 민선 시대를 거치며 시민의 휴식 공간으로 성격이 변화되었다.

도시 속 공원은 위락적 기능과는 거리를 두고 휴식과 문화 공간이 되어가고 있다. 프랑스 최초의 여가 공원인 파리 불로뉴 숲의 다클리마타숑 공원은 개장 당시에는 동물원, 승마장 등이 주요 공간을 이뤘으나 이곳 역시 점차 문화와 휴식이 중심인 공간으로 변화하고 있다. 2002년 다클리마타숑 공원에는 서울시와의 자매 결연을 기념하는 '서울정원'이 만들어졌고, 2014년에는 루이뷔통 재단이 문을 열었다.

불로뉴 숲에 들어서 공원을 지나 좀 더 걷다 보면 햇살이 닿아 부서지는 거대한 유리 건축물을 만날 수 있다. 세계에서 가장 유명한 건축가 중 한 명인 프랑크 게리의 작품인 루이뷔통 미술관이다. 루이뷔통 미술관 표를 사면 공원을 무료로 입장할 수 있는데, 이러한 운영

루이뷔통 재단에서 내려다본 서울정원.

방식은 공원과 미술관이 하나의 공간으로 사용되는 걸 의도했음을 알려준다.

다시 처음으로

이처럼 시대에 따라 공원의 트렌드가 달라진다면 현재의 트렌드는 무엇일까? 바로 '생태'다. 최근 많은 공원이 생태적 성격으로 조성되고, 텃밭이 공원의 일부로 만들어지기도 한다. 맨 처음 공원은 자연과는 차별화되는 인공적 성격을 나타냈는데, 공원이 자연 그대로의 모습으로 돌아가고 생태적 성격이 강조되는 것은 아이러니하다.

물론 자세히 들여다보면 한국과 프랑스의 공원은 꽤나 다르다. 우리나라 어린이공원엔 그네가 필수지만 프랑스 어린이공원에서는 그네를 보기 힘들다. 또한 프랑스 공원에선 해만 나면 많은 사람이 풀밭에 누워 일광욕을 즐기지만 우리나라 사람들은 공원에서도 그늘을 찾는다. 또한 프랑스 공원은 계절에 따라 여닫는 시간이 정해져 있어 날짜별 공원 개장 시간이 울타리에 명시되어 있다. 하지만 우리나라 공원은 밤에도 닫지 않는 경우가 많아 여름밤 우는 아기를 업고 나온 엄마들이 아이를 달래는 공간으로 쓰기도 한다.

하지만 큰 흐름으로 볼 때 최근 공원은 문화와 생태 기능이 강조되고 있다. 도시 농업이 유행하기 시작하면서 어린이들이나 가족이 함께 체험할 수 있는 텃밭이 공원에 생기고 있다. 좁은 지면의 대안으로 유행처럼 만들어진 옥상 정원도 인공 식재 중심에서 텃밭으로 바뀌고 있

01

02

01 불로뉴 숲을 걷다 보면 부서지는
햇살에 눈이 부신 루이뷔통 재단이
나타난다.

02 벤치와 조각 작품이 하나로
느껴지는 안양예술공원.

03 파리 시가 관리하는
모든 공원의 출입문에는 계절마다
여닫는 시간이 안내되어 있다.

04 뤽상부르 공원의 수요일 오후 풍경.
파리의 여러 공원에서 수요일과 주말에
는 포니를 탈 수 있다.

03

04

다. 이는 도시 내 복사열을 조정하고 녹지를 제공하면서 동시에 가꾸는 사람의 여가 활동까지 가능하게 하여 큰 환영을 받고 있다.

왕궁과 귀족의 채소밭에서 태어난 공원은 다시 본연의 모습으로 돌아가려 한다. 모든 게 인공화된 도시에서 사람들이 그리워하는 건 꾸미지 않은 자연의 그대로의 모습인 듯하다.

넓다 vs. 균일하다

파리와 서울의 공원 현황

서울과 파리에는 공원이 몇 개나 있고, 도시에서 얼마나 넓은 면적을 차지할까? 시민 한 사람이 누리는 공원 면적은 얼마일까? 이는 도시의 질을 평가하는 중요한 지표이다. 서울에는 2013년 기준으로 2,119개의 도시공원이 있고, 전체 면적은 약 115.94제곱킬로미터이다. 이는 서울 시민 1인당 11.1제곱미터의 공원 면적을 지니고 있는 것에 해당한다. 한편 파리에는 2011년 기준으로 448개의 공원이 있고, 전체 면적은 553헥타르(5.53 제곱킬로미터)다. 이는 파리 동쪽에 위치한 뱅센 숲과 서쪽 불로뉴 숲의 면적을 제외한 것인데, 두 숲의 면적은 1,841헥타르(18.41제곱킬로미터)로 파리 공원 전체 면적의 세 배를 넘는다. 만일 파리 공원 면적에 두 숲을 넣을 경우 1인당 5.8제곱미터인 공원 면적은 14.5제곱미터로 늘어난다.[6]

　그렇다면 두 도시 중 서울의 공원 환경이 파리보다 더 우세하다고 말할 수 있을까? 우리나라 도시공원은 법률에 의해 생활권공원과 주제공원, 도시자연공원으로 구분된다. 이 중 생활권공원은 우리가 일상에서 쉽게 접하는 공원으로 어린이공원(놀이터), 소공원, 근린공원이 해당

구분	계	도시 자연공원	근린 공원	어린이 공원	소공원	체육 공원	묘지 공원	문화 공원	역사 공원	수변 공원	생태 공원
면적(㎢)	115.94	65.56	44.06	2.22	0.46	0.13	2.42	0.59	0.41	0.04	0.05
공원 수	2,119	20	392	1,297	346	4	4	39	11	5	1

서울시 도시공원 현황

소공원, 어린이공원, 근린공원은 생활권공원에 속하고,
역사공원, 문화공원, 수변공원, 체육공원 등은 주제공원에 속한다.
출처: 서울시 공원녹지정책과, 2013

되는데, 2013년 서울의 생활권공원 면적은 약 46.74제곱킬로미터다. 만일 서울의 공원 면적을 산정할 때 생활권공원만 취급하면 1인당 공원 면적은 4.48제곱미터로 줄어든다. 여기에 도시자연공원을 더하면 공원 전체 면적은 112.3제곱킬로미터로 늘어나고, 1인당 공원 면적은 10.8제곱미터로 늘어난다.

하지만 도시자연공원은 주로 남산, 관악산, 북한산 같은 산이기 때문에 실제로 우리가 공원으로 이용하는 면적은 일부에 해당된다. 또한 우리나라 도시계획에서는 공원에 대학로 같은 문화공원, 체육공원, 역사공원도 포함되고, 좀 생뚱맞게 느껴지는 묘지공원도 속한다. 묘지공원은 서울시에 네 개밖에 없지만 전체 1,297개인 어린이공원 전체를 합친 면적보다도 조금 더 크다. 즉 우리가 공원 면적이라고 일반적으로 말하는 수치를 보면 실제로 녹지가 아니거나 일상생활에서 이용하지 않는 공간도 포함되기 때문에 공원 면적이라는 수치만을 놓고 어느 도시의 공원 환경이 더 우수하다고 말하기는 쉽지 않다.

그렇다면 프랑스의 공원은 어떻게 구분될까? 규모와 기능에 따라 구분하는 우리나라와는 달리 프랑스 공원은 역사적 성격과 공간적 특징에 따라 구분된다. 세부적으로는 정원(자르댕, jardin)과 공원(파크, parc) 외에도 소공원(스쿠아르, square), 광장(에스플라나드, esplanede), 숲(부아, bois) 등이 있다. 우선 '자르댕'은 과거 귀족이나 왕족의 정원에서 유래된 것으로 튀일리 공원, 뤽상부르 공원 등이 있다. '파크'는 좀더 규모가 크고 근대에 조성된 공원을 일컫는다. 파리에 있는 자르댕은 137개로 전체 면적이 207헥타르인 반면, 16개밖에 없는 파크는 전체 면적이 203헥타르로 자르댕 전체 면적과 거의 유사하다. 몽소 공원(parc Monceau), 몽수리 공원(parc Monsouri)과 같은 19세기 후반에 조성된 공원과 20세기 후반에 조성된 라빌레트 공원, 시트로엥 공원 등은 모두 파크에 해당되며 도시계획에 의해 대규모로 조성된 녹지이다.

한편 스쿠아르는 영어에서 유래한 어휘로 오스만 도시 정비 사업에 의해 기존 건물을 철거하고 재개발하는 과정에서 생긴 공지에 만든 작은 공원이다. 이 근대적 성격의 소규모 공원은 오늘날 도시 구석구석에 녹색 휴식 공간을 제공한다. 파리 시의 스쿠아르는 전체 274개소 중 두어 개를 제외하고는 모두 19세기 후반에 조성되었고, 전체 면적은 120헥타르로 파크나 자르댕 면적의 반을 좀 넘는다. 그 외에 조망을 위해 만든 에스플라나드가 있고, 산책

	공원 수(개소)	공원 면적(ha)
합계	450	2,394.0
숲 bois	2	1,841.0
공원 parc	16	203.0
정원 jardin	137	207.0
스퀘어 square	274	120.0
산책로 promenade	8	
전망광장 esplanade	4	
공공산책로 maille	4	
산책로 allee	2	23.0
놀이동산 aire du jeu	1	
폐쇄녹지 enclos	1	
라운드어바웃 rond point	1	

파리 공원 녹지 현황

출처: APUR, 2011

(좌) 자르댕 데 플랑트는 17세기 초에 조성된 공원으로 '자르댕'에 속한다.
(우) 센 강변의 포도주 하역장과 유휴 부지를 전환한 베르시 공원. 현대식 대규모 공원으로 파크로 구분된다.

로도 공원 면적에 포함된다. 즉 프랑스의 공원은 시대별로 조성된 특징과 공간상 위계를 지닌다.

그렇다면 처음으로 돌아가 서울과 파리의 공원 환경은 어느 쪽이 더 우수한 걸까? 수치만으로 비교하면 서울이 파리보다 넓은 녹지를 지니고 있지만 이쯤 되면 어느 도시의 공원 환경이 더 우수하다고 말하기는 쉽지 않다는 걸 안다. 그렇다면 두 도시의 공원 환경을 비교하기 위해선 공원의 질을 평가 기준에 반영해야 하는 게 아닐까? 파리의 뱅센 숲과 불로뉴 숲처럼 소수의 대규모 녹지가 도시 전체의 공원 면적을 좌우하기 때문이다.

그래서 요즘은 면적보다 접근성을 더 중요하게 생각한다. 파리의 2009년 공원 녹지 관련 계획을 보면 도보로 10분 이내에 공원에 갈 수 있는 지역을 파악해 접근성이 떨어지는 곳을 찾아낸다. 이를 토대로 도시계획에서 공원 환경이 열악한 곳은 '취약 지역'으로 정하고, 이 지역에 다른 지역과 균등한 공원 환경을 조성하는 것을 중요한 과제로 삼고 있다. 공원 환경에 대한 판단 기준은 '어느 도시가 더 넓은 공원 면적을 갖고 있느냐?'가 아닌 '어느 도시에서 더 균등한 공원 접근성을 제공하는가?'로 변화되고 있다. 이는 지속 가능한 발전이라는 화두 속에서 기회 균등이 가장 중요한 계획 요소가 되는 최근의 도시계획 흐름을 나타낸다.

5

공원은
다다익선일까?

넓은 공원의 환상

아파트 광고에 그림 같은 공원, 넓은 녹지, 맑은 호수가 단골 카피로 등장했던 시절이 있었다. 그런데 과연 공원은 도시에 많으면 많을수록 좋은 것일까?

우리나라의 출산율은 급속히 감소하고 있다. 이는 많은 선진국들이 겪고 있는 문제이기도 하다. 최근 우리나라의 합계출산율은 1.25명으로 OECD 국가 중 가장 낮은 수치이며, 이러한 추세로 가면 2018년부터는 생산 인구가, 2030년부터는 전체 인구가 감소한다고 한다.[7] 그렇다면 인구가 감소한다는 것은 도시에서 무엇을 의미하는 것일까?

도시 공간에서 인구가 줄어들면 시설을 이용하는 사람 역시 줄어든다. 오늘날 서울처럼 사람이 붐비지 않고 여유 있어진다는 것이지만, 정도가 심해지면 매우 휑한 도시가 될 수도 있다. 실제로 밤길이 무서운 것은 공포 영화나 어젯밤 악몽에 나온 유령 때문이 아니라 범죄에 대한 우려 때문이다. 도시계획에서 안전한 환경을 조성하고자 하는 셉테드(CPTED, Crime Prevention Through Environmental Design)의 최고 계

도시 속 공원은 여러 사람들이
이용할 때 의미를 갖는다.

획 기법은 여러 사람의 시선에 노출되는 것인데, 도시에서 인구밀도가
낮아지면 남의 시선에 노출될 확률 또한 낮아질 수 있다.

인구밀도가 낮아지면 넓은 녹지와 공원이 많은 도시에서는 문제가
더 커진다. 밝은 대낮에도 파리의 인적이 드문 공원에선 관광객이 카
메라나 지갑을 빼앗기는 일들이 발생하는데 밤에는 굳이 설명할 필요
조차 없다. 1980년대 파리 한복판에 조성된 레알 지구는 상업 시설 대
부분을 지하에 넣고 지상은 공원으로 꾸몄는데, 밤이 되면 공원은 노
숙자와 부랑자 들로 가득해 사람들이 왕래를 꺼리는 위험한 공간으로
변해버렸다. 인구가 점차 줄어드는 상황임을 고려하면 도시에 넓은 공
원을 조성하는 게 무조건 긍정적인 일이라 말하기는 어렵다.

누군가는 비용을 지불해야 한다

넓은 공원을 유지하고 관리하는 비용을 누가 지불하느냐는 문제도 남
는다. 모든 공간과 시설은 조성하는 데도 많은 돈이 들지만, 시설을 유
지하고 관리하는 데도 지속적으로 많은 비용이 들어간다. 공원의 나무

를 가꾸고 물을 주고, 봄에는 예쁜 꽃을 사다 심고, 밤엔 누군가 경비를 서야 한다. 생산 인구가 감소하면 세금도 줄어든다. 그럼에도 예전과 같은 공원의 수준을 유지하고자 한다면 다른 용도에 쓰여야 할 세금이 공원 유지 비용으로 쓰여야 한다. 최근에는 지역 시민단체들이 공원 관리에 자발적으로 참여하고 있지만 그들에게 의존하긴 어렵다.

공원 유지 비용이 늘어나면서 파리는 공원 내 많은 시설을 유료화했다. 어린이 시설이 많은 뤽상부르 공원에서 놀이와 운동에 관련된 모든 시설은 유료다. 놀이터에서 놀려면 어린이는 3.5유로, 어른은 1.5유로를 내야 하고, 좀 조잡해 보이는 그네마저도 한 번 타는데 2.5유로다. 테니스 코트야 그렇다 쳐도 어린이 시설까지 돈을 내야 하나 싶은 생각이 들기도 하지만, 누군가가 비용을 지불해야 공원 시설이 유지되는 게 현실이다.

인구 감소 문제가 일반화되면서 '축소도시(Shrinking City)'에 대한 논의가 확산되고 있다. 축소도시는 저출산 및 경제 침체와 함께 탈산업화, 교외화가 진행되면서 도시 내 인구가 줄어들고 일자리가 감소하여 버려지는 토지가 발생하고 빈 도심지가 발생하는 등 쇠퇴를 겪는 도시를 말한다.[8] 이와 같은 도시에서는 전성기 때의 인구를 수용하기 위해 조성된 공원, 복지시설, 학교, 주택 등이 황폐화되는 문제가 발생한다.

우리나라의 공원은 외국 공원보다 시설과 관리 수준이 높다. 외국의 경우 화장실을 사용하는 데도 돈을 내야 하지만 우리나라의 공원 시설은 대부분 무료이고 매우 깨끗하다. 시설 유지에 보다 많은 비용이 들어간다는 얘기다. 인구가 감소하고 세금이 줄어들면 이 시설들은 어떻게 유지, 관리될까? 텅 비어버린 공원 주위의 주택들은 점차 사람들이 회피하는 지역이 되고 슬럼화될 수도 있다.

한때 녹지 공간을 확충하고 많은 주택을 건설하기 위해 몰두하던 도시들이 최근 버려진 공간으로 인해 안전과 환경문제로 고심하는 것을 볼 때, 모든 게 그렇듯 도시 속의 녹색 공간 또한 과유불급인 것 같다.

6

보존과 활용
사이의 공원

여름밤 베르사유 정원의 판타지

도시에 사는 우리들에겐 공원 하면 우선 집 근처 근린공원부터 떠오른다. 하지만 공원은 생각보다 종류가 매우 다양하다. 국립공원, 지질공원, 해상공원처럼 자연의 원형 자체와 생태계를 보호하기 위한 공원이 있고, 희귀하거나 멸종 위기인 동식물을 보호하기 위한 공원도 있다. 한편 도시 속 공원은 인공적으로 식생을 조성한 것으로 자연보호를 목적으로 하는 공원과는 성격이 다르고, 여러 시설을 설치해 활용적 측면이 강하다.

　프랑스에서는 인위적으로 조성된 공원도 보존을 위한 공원과 활용을 위한 공원으로 구분하고 있다. 보존을 위한 공원은 문화유산으로서 의미를 지니는 곳이다. 프랑스에서 역사적인 공원은 정부 차원에서 정책적으로 보호하고 그중 일부는 유네스코 세계문화유산으로 등록되었다.[9] 왕궁의 정원은 문화유산의 성격을 지니는데 단지 화려함과 아름다움 때문만이 아니라 당시의 생활상을 잘 보여주기 때문이다. 중세 시대 유물을 전시하는 클뤼니 박물관에 부속된 작은 공원은 중세 시대

정원의 모습을 그대로 복원하기 위해 많은 노력을 기울였다. 주로 약초를 심던 당시의 식재법과 화단 장식법까지 사료를 찾아 복원한 것으로 나뭇가지를 꼬아 만든 매우 독특한 화단을 볼 수 있다.

하지만 보존과 활용 사이엔 언제나 의견 차이가 존재한다. 베르사유궁은 유네스코 세계문화유산으로 등재된 가장 대표적인 프랑스의 문화유산인데, 여름밤엔 궁전의 정원에서 바로크 음악과 물과 불이 어우러지는 환상적인 축제가 펼쳐진다. 정원 중앙에는 초대형 조형 작품이 설치되고 잔디밭은 음악에 맞춰 불을 내뿜는다. 정원에 가득한 비눗방울은 동화 속으로 빨려 들어온 듯한 환상을 불러일으키고, 작은 숲 사이사이엔 여러 조형물과 조명이 설치되어 초현실적인 장면을 연출한다. 넓은 연못에 비친 베르사유궁은 흡사 베네치아 같다. 그리고 마침내 긴 운하 너머로 여름 저녁의 붉은 해가 넘어가고 어스름이 짙어지면 축제의 피날레로 륄리(Lulu)의 음악에 맞춰 불꽃놀이가 펼쳐진다.

바로크 시대로 한순간 이동해 여름밤 파티를 즐기는 귀족이 된 것처럼 느끼게 하는 마법은 베르사유궁이라는 문화유산이 있기에 가능하다. 역사적으로 가치가 높은 공원은 일반적인 여가 공간으로 사용하지 말고 철저하게 보호해야 한다는 의견도 제시되지만[10] 박제된 유물로 보존하기보다는 교육이나 체험에 더 큰 가치를 부여할 수도 있다. 프랑스의 문화유산에는 항상 보존이라는 단어와 함께 '가치 부여(mise en valeur)'가 따라붙는다. 넓게 보면 활용과 보존은 정반대가 아닐 수 있다.

01

01 여름밤 베르사유궁 정원에서는
환상적인 축제가 벌어진다.
비눗방울이 날아다니고 불과 물과 음악이
어우러진다.

02 베르사유 정원 내 작은 숲은
미로를 떠올리게 한다.

03 연못에 비친 베르사유궁은
운치를 더한다.

04 32개 아이오닉 대리석 기둥으로
둘러싸인 콜로나드(La Colonnade)에서는
레이저쇼가 펼쳐진다.

02

03

04

다시 사람 중심의 도시로

시대가 변하면서 공원의 개념도 변하고 도시 속에서 요구되는 모습도 변화한다. 예술가의 영역에 속했고 시각적으로 아름다운 풍경을 추구하던 공원은 산업혁명 이후 산업 생산품(produit industriel)의 성격으로 바뀌었다.[11] 최근의 도시공원은 일정한 경계를 정해놓고 면적으로 조성되던 방식을 떠나 선의 형태로 등장하고 있다. 도시공원 간 연계가 중요해지면서 선형(線形) 공원, 산책로 등이 적극적으로 조성되고, 이는 다시 자전거 길과 연결되는 복합적 공간으로 발전하고 있다.

녹지가 만드는 그린 네트워크와 물길이 만드는 블루 네트워크가 그 물망처럼 연결되는 도시를 만들기 위해 전문가와 시민 들은 노력하고 있다. 그 길을 따라 아침엔 자전거로 출근하고, 저녁엔 아이들과 함께 산책할 수 있다. 이런 녹지의 연결 체계는 도시에서 열섬 현상을 완화하고 대기오염을 줄여주는 효과도 있다.

도시에서 공원과 녹지가 늘어나는 것은 자동차가 주인공이었던 도시가 다시 사람에게 돌아오는 것을 의미한다. 자동차와 함께 무한히 확장하던 도시는 다시 보행 중심 구조로 바뀌고 있다. 이러한 변화의 일환으로 자동차 통행이 금지되는 가로도 점차 많아지고, 도시 내 자동차 최고 속도를 시간당 20~30킬로미터로 제한하는 시도도 확산되고 있다.[12] 포드 사에 컨베이어 벨트가 도입되고 사람이 기계의 부품으로 여겨진 지 100년쯤 지난 지금, 사람은 다시 도시의 주인공으로 돌아오고 있다. 자동차가 아닌 사람의 속도로 움직이는 도시에서 공원의 역할은 더욱 중요해질 것이다.

05

grand magasin

백화점

16:00

클로딘

봉 마르셰
Le Bon Marché

『여성들의 행복을 위하여Au bonheur des dames』는 중학교 2학년 불어 수업 시간에 읽은 에밀 졸라의 소설이다. (우리나라에서는 '여인들의 행복 백화점'으로 번역됐다.) 참 멋진 제목이다. 이보다 백화점을 더 잘 표현할 수 있을까? 19세기 후반 백화점이 막 발전하기 시작하는 파리를 배경으로 시골 출신의 드니즈가 백화점 점원이 되어 사장인 무레의 사랑을 얻는 이 이야기는 19세기 에밀 졸라판 신데렐라 스토리이다. 내용 자체는 딱히 내 취향은 아니지만 어떻게 백화점이 화려함을 연출하고, 여성들은 어떻게 사치에 눈을 뜨며 소비사회의 노예가 되는지, 그리고 거대하고 화려한 소비의 전당이 출현하면서 주변의 전통적인 작은 상점들은 어떻게 비참하게 몰락하는지 묘사하는 부분은 아직도 기억에 생생하다.

백화점은 파리를 파리답게 만드는 가장 중요한 요소 중 하나다. 파리에 오는 여성 관광객 중엔 에펠탑보다는 갤러리 라파예트(Gallerie Lafayette)에 기대가 더 큰 사람이 훨씬 많을지도 모른다. 빛의 도시 파리. 그건 바로 샹젤리제와 백화점의 불빛들이 만든 것 아닌가?

평범한 파리지엔인 나는 주로 거리의 일반 상점이나 대규모 몰에서 쇼핑을 한다. 물론 최근엔 인터넷 쇼핑을 더 많이 하는 것도 같다. 백화점은 내가 가기엔 상품 가격이 너무 높다. 구두 하나에 400유로, 코트에 1,800유로를 주고 살 사람이 내 또래에 얼마나 있을까? 하지만 세일 기간만큼은 나도 속속들이 백화점 순례를 한다. 평소에 동경하던 물건들을 이때 잔뜩 만난다. 파리가 가장 활기를 띠는 것도 바로 이때다.

오늘은 솔드(solde, 세일) 기간은 아니지만 봉 마르셰(Le Bon Marché Rive Gauche)에 왔다. 갤러리 라파예트만큼 크진 않지만 난 파리 백화점 중 봉 마르셰와 BHV를 좋아한다. 갤러리 라파예트는 너무 크고 상품도 너무 많다. 게다가 닥치는 대로 물건을 쓸어 담는 돈 많은 외국 관광객이 워낙 많아 나 같은 사람들은 별로 환영받는 느낌이 들지 않는다. 반면 BHV는 그보다 훨씬 아담하고 패션 용품과 함께 브리콜라주(bricolage, 집 꾸미기) 관련 물품이나 미술 용품 들이 꽤 다양하게 갖춰져 있어 친근감이 간다. 페인트, 목재, 철물 등 다양한 재료를 살 수 있어 좀 비싸긴 해도 미술 공부를 한 나에겐 잘 맞는 백화점이다.

내가 제일 좋아하는 봉 마르셰는 아주 시크하고 가장 파리스러운 백화점이다. 다른 백화점들은 주로 리브 드루아트(Rive droite, 루브르 궁이 있는 센강 오른쪽)에 있지만 봉 마르셰는 리브 고슈(Rive gauche, 강 왼쪽)에 자리 잡고 있다. 이 백화점은 앞에서 얘기한 졸라 소설의 실제 모델인 백화점인데 요즘도 그때처럼 멋진 모습을 건물 곳곳에서 확인할 수 있다.

두 개의 건물이 2층에서 브릿지로 연결되는 봉 마르셰는 한쪽은 식품, 가구, 식기, 주방 용품 등을 파는 생활관이고, 다른 쪽 건물에는

에스컬레이터와 확 트인 중앙 홀이
봉 마르셰의 중심 공간이 된다.
에스컬레이터와 천장까지 동일한
디자인 모티브로 정성스레 꾸몄다.

패션 용품들이 주로 있다. 봉 마르셰는 매장 구성이 일반 백화점과 매
우 다르다. 백화점에선 보통 식품은 지하, 구두와 핸드백은 1층, 여
성 의류 2~3층, 남성 의류는 상층 매장에서 판매하지만 이곳에서 구
두는 가장 높은 층에 전시되어 있고(판매가 아니라 말 그대로 전시되어 있
다) 생활관은 1층의 식품 코너를 통해 진입한다. 그리고 2층 아트리
움을 중심으로 고급 식기와 가구를 판매하며, 분위기 좋은 카페를 아
트리움 중앙에 배치해 우아하고 조용한 분위기를 연출했다. 이 같은
구성 덕분에 고객은 백화점에 들어올 때 차분하고 여유로운 느낌을
받고 위층으로 갈수록 점점 활기찬 분위기를 만나게 된다. 다른 백화
점 입구에서 보는 번잡스럽고 정신없는 풍경과는 완전히 다르다.

　봉 마르셰는 여성들의 생활과 밀착해 발전한 20세기 초 백화점의
모습을 그대로 나타내고 있다. 그래선지 이곳엔 젊은 여성보다는 나
이 지긋한 파리지엔들이 많다. 고급스럽고 예스런 상품 구성과 공간

때문에 그런 것 같다.

이 백화점의 가장 큰 매력은 무엇보다 여유 있는 내부 공간이다. 19세기 후반에 호화스럽게 꾸민 흔적이 아직도 곳곳에 남아 있다. 천장은 당시 최고 기술을 사용해 철골과 유리로 만들었고 부분마다 다양한 디자인을 적용해 다른 분위기를 연출한다. 자연광을 적절히 거르기 위해 문양을 넣기도 하고, 철골과 유리를 지탱하는 기계 장치도 보인다. 천장의 문양은 기하학적으로 단순한 것과 아르누보 양식의 섬세하고 여성적인 것이 섞여 있다. 참 낭만적이다. 빛을 건물 내부로 최대한 끌어오기 위해 아트리움을 만들고 벽에는 커다란 창을 냈다. 상품을 보호하기 위해 커튼을 내리기는 하지만 건물 전체는 빛과 철골과 유리로 엮여 아름다운 조화를 이룬다. 지금도 아름다운 걸 보면 이 건물이 개장했을 당시 사람들이 얼마나 감탄했을지 충분히 상상이 된다.

3층의 구두, 서점, 문구 매장 사이를 지나다 보니 마침 현대 미술 전시회가 진행 중이다. 미니멀한 공간에 은색 구두가 잔뜩 있다. 뉴욕에서 주로 활동하는 팝아트 작가의 작품이다. 봉 마르셰는 1994년 명품 기업 LVMH가 인수한 이후 문화적 성격이 더욱 강해진 것 같다. 하지만 이 백화점의 이름은 아이러니하게도 '저렴한 가격'이란 뜻이다.

친구 생일 선물을 살 생각으로 왔지만 아무래도 너무 비싸다. 사는

01

02

03

01, 02 성당 스테인드글라스를 연상시키는 봉 마르셰의 아름다운 천장. 빛이 쏟아지는 호화로운 소비의 전당이 어떤 모습이었는지 알 수 있게 해준다.

03 봉 마르셰에는 식기, 가구 등 가정용품의 비중이 매우 크다. 단 차 등을 활용해 아기자기한 공간을 구성하고 있다.

04 백화점 한편에서는 현대 미술 전시가 열려 사람들의 발길을 끈다.

04

건 포기하고 점찍어둔 물건과 비슷한 제품을 인터넷에서 찾아봐야겠다. 물건은 못 샀어도 기분은 좋다. 꼭 갤러리에 온 것 같다. 파리의 백화점은 이 도시의 벨 에포크를 그대로 담고 있다. 겉모습도 내부 공간도 그러하다. 지금은 공사 중이라 문을 닫고 있는 사마리탄 백화점도 빨리 열었으면 좋겠다. 사마리탄 백화점을 장식하는 아르누보풍 철물과 유리 공예를 보면 이유를 알 수 없는 이국의 느낌이 밀려온다. 이곳 파리에서 백화점은 150년 전으로 시계를 돌려 묘한 향수를 일으키는 공간이다.

지우

신세계백화점

'섹스 앤 더 시티'에서 마놀로 블라닉 구두를 바라보던 캐리의 눈망울에 담긴 경외와 갈망. 그것이 바로 내가 백화점에 가는 이유다. 세일 기간을 노리면 언젠가 한 번쯤은 내 신발장에도 전시될 것 같은 지미 추와 크리스티안 루부탱 구두에 내 발을 살포시 얹어보며 그곳에서 나는 신데렐라가 된다. 어린 시절엔 디즈니랜드가 꿈과 환상의 세계였지만 스무 살이 넘어가면서 내 환상의 세계는 백화점으로 바뀌었다.

  다음 주 화요일이 친구 생일이라 간단한 액세서리나 립스틱을 사러 왔다. 다행히 시간이 남아 물건도 사고 찬찬히 구경도 할 수 있을 것 같다. 들어서자마자 기분이 들뜬다. 백화점은 참 재밌는 오브제다. 종합 선물 상자 같다고나 할까? 밖에서 볼 땐 잔뜩 마른 외국 모델들의 초현실적인 광고로 싸인 거대한 네모 건물이지만, 안으로 발을 들여놓는 순간 완전히 다른 세계가 펼쳐진다. 높은 천장과 화려한 샹들리에, 은은하고 세련된 향, 반짝이는 조명, 환하고 이쁜 얼굴로 내게 미소를 건네는 직원들. 저렇게 밋밋한 건물 속에 이렇게 따뜻하고 다채로운 세상이 숨어 있을 것이라고 누가 상상할 수 있을까? 밖에서 보이는 무미건조함과의 대조 때문인지 백화점 내부는 더 화려하고 비현실적으로 느껴진다.

  백화점에 들어서는 순간 필요한 물건보다는 내가 그동안 동경해 마지않던 제품들에 눈이 먼저 간다. 우선 동향 파악부터. 전에 봐뒀던 클로에 백은 혹시 세일하지 않을까? 곧 여름인데 예쁜 샌들이 나왔을

백화점의 화려함과 웅장함은
에스컬레이터를 타고 오르내리면서
한눈에 느껴진다.

까? 친구 선물은 일단 뒤로 미루고 머스트 해브 아이템들을 찾는다.

오늘도 3층으로 직행이다. 평소엔 엘리베이터를 고집하지만 백화
점에 오면 우선 에스컬레이터로 발을 돌린다. 백화점에선 에스컬레이
터가 공간의 중심이다. 화려한 중앙 홀을 뚫고 각 층을 사선으로 연결
하는 에스컬레이터는 커다란 네모 건물 속에서 위치를 파악할 수 있
는 편리한 이동 수단이면서 동시에 판매에 중요한 영향을 미치는 요
소이다. 별생각 없이 지나치는 시계점의 시계들이 웃는 모양을 연상
시키는 10시 10분에 맞춰 소비 심리를 자극하는 것처럼, 백화점 대
부분이 상하행 에스컬레이터를 반대편에 두는 데는 이유가 있다. 올
라가기만 할 땐 계속 한 방향으로 편하게 올라갈 수 있지만 어느 순간
쇼핑을 멈추고 백화점을 나가려 할 땐 반대쪽으로 돌아가야만 하는
구조. 돌다 보면 사고 싶은 물건들이 이것저것 눈에 들어올 수밖에 없
다. 어디선가 'The shopping must go on'이라는 메시지가 들리는
듯하다.

한동안 작은 규모의 토종 브랜드 백화점이 늘어났던 적이 있었다 지만 롯데, 현대, 신세계 그리고 친구들과 가는 갤러리아 정도가 내가 아는 백화점의 전부이다. 백화점엔 식당가가 있어 친구들이랑 만나기 도 좋다. 몇몇 친구들은 요리나 메이크업을 배우러 문화센터에 다니 기도 한다.

백화점은 고급 상점이지만 그 속에는 특별히 더 고급스런 구역이 있다. 흔히 명품관으로 불리는 곳이다. 프라다, 샤넬과 같은 브랜드는 일반 매장과 차별화되도록 별도의 샵으로 꾸며져 있다. 이곳에선 왠 지 경건함이 느껴진다. 고가의 물건이라는 인식 때문인지 제품에 특 별한 주의를 기울이는 점원의 태도 때문인지 알 수 없지만 그 특별함 은 공간 구획에서도 느껴진다. 화장품이나 보석류를 주로 판매하는 1 층은 많은 사람들로 항상 붐비지만 안쪽에 자리한 명품관 구역은 매우 차분한 분위기다. 환하고 밝은 개방형 매장과 차이 나는 고급스럽고 무게감 있는 인테리어와 자재들, 그리고 특정 메이커가 주는 심리적 거리감. 명품관은 백화점의 다른 매장과 구분되는 또 다른 공간이다.

소공로에 위치한 신세계 본점은 명품관의 느낌이 더욱 강하다. 일 제강점기에 미쓰코시 백화점으로 쓰였다는 이곳은 근대 건축물의 모 습을 그대로 보존하고 있어 로비에 들어오면 백화점이 아닌 호텔이나 작은 오페라 하우스에 온 느낌이 든다. 여기 입점한 부티크들은 개방 형 매장과는 완전히 다른 분위기를 풍긴다.

커다란 공간에 상품에 따라 다른 분위기를 연출하고 사람의 심리를 파악해 최적의 판매 동선 및 품목을 뽑아내는 전문가를 머천다이저 (MD, Merchandiser)라 한다. 이 직업은 백화점의 꽃으로도 불리는데, 창도 없이 외부와 차단되어 무한대로 넓게 느껴지는 백화점 공간을 무엇으로 어떻게 채울지 정한다는 것은 쉽지 않은 일인 것 같다. 아무 상품도 채워지지 않은 백화점은 영화 '브루스 올마이티'에 나왔던 백색의 무한한 신의 공간과 닮지 않았을까?

여성적인 취향을 가진 사람이 머천다이저를 하는 게 백화점 매출에는 도움이 될 것 같다. 요즘 메트로섹슈얼이 많아졌다곤 하지만 아직까지 백화점은 여성 중심의 공간이다. 여자 친구나 아내랑 같이 온 남자들이 꽤 있긴 하지만 혼자 쇼핑을 하러 온 남자들은 그리 많지 않다. 하긴 내가 주로 가는 1층부터 4층까지 모두 여성과 관련된 매장이고, 지하 1층은 식품 코너다. 신관 건물에서 주요 층 다섯 개가 대부분 여성을 대상으로 한 공간인 것이다.

더 있다간 친구 선물을 못 살지도 모르겠다. 백화점에 오면 항상 시간이 부족하다. 이곳에선 시간이 멈춰 있고 설령 흐른다 해도 느낄 수도 없다. 이곳은 낮도 밤도 없는 사이버 공간과도 같다.

친구는 이번 생일에 새로 생긴 남자 친구에게 명품관에 진열된 백 중 하나를 선물로 받게 될까? 친구가 갖고 싶어 하던 신상품 립스틱

01

02

03

01 같은 백화점 내에서도 명품관은 오브제가
전시된 미니멀한 갤러리를 연상시킨다.

02 신세계 본점 중앙 계단. 일제강점기에
지어진 미쓰코시 백화점 건물을 사용하고 있다.
중앙 계단은 당시 도입된 서양 건축양식을
보여준다.

03 신세계 센트럴점의 매장.
기존 백화점의 전형적인 매장과는 차별화된
모습이다.

을 사고 밖으로 나오니 이제야 피로가 느껴진다. 아무리 공조 기술이 발달했어도 밀폐된 공간과 인공 조명 아래 몇 시간 있으면 머리도 다리도 아프다. 물론 쇼핑할 땐 전혀 느끼지 못하지만.

얼마 전 대전으로 이사 간 친구에게 백화점이 두 개밖에 없어 깜짝 놀랐단 얘길 들었다. 서울엔 롯데, 현대백화점이 이곳저곳에 하도 많아 어느 지점인지 가끔 헷갈릴 때도 있는데, 인구 150만이 넘는 도시에 백화점이 두 개밖에 없다는 건 놀라운 일이다. 대전 사람들은 다들 KTX를 타고 서울에 있는 백화점까지 오는 걸까? 주변에 대형 백화점이 가득하다는 건 초대형 도시에 사는 증거이자 대도시 시민들의 특권일지 모른다.

05

grand magasin

백화점

욕망과 환상을 판매하는
유리 성당

소비의 전당의 출현

19세기 유럽 도시에 백화점이 등장하면서 도시에 새로운 화려함이 더해진다. 기존의 작은 상점들과 차별화되는 대형 건물, 유리와 철로 만들어져 빛이 쏟아져 들어오는 넓은 공간, 판매대 사이를 산책하면서 마음대로 구경할 수 있는 편리한 구조, 그리고 실크 스타킹, 최신 유행 드레스, 모자로 한껏 꾸미고 레이스 양산을 손에 든 채 걷는 부르주아 아가씨와 마님 들. 바야흐로 백화점의 출현으로 도시 공간도 여성의 삶도 화려하게 변신하기 시작했다.

18세기 말부터 산업혁명으로 상품 생산량이 늘면서 유럽 도시에는 상가가 번성했다. 그리고 상점이 밀집한 가로가 발달하면서 비가 오거나 추운 날에도 쇼핑을 할 수 있도록 가로에 유리 천장을 씌운 아케이드가 등장했다. 실내화된 상업 공간을 만들긴 했지만, 규모나 상품 판매 형태에서 기존 상점과 크게 다르진 않았다. 하지만 19세기 중반부터 본격적으로 발전한 백화점은 판매 방식, 유통 구조, 건축 공간 등 모든 면에서 기존 상점과 완전히 달랐다.

너무나 아름다운 갤러리 라파예트의 돔 천장.
19세기 후반 건축양식 및 기술의 결정체이다.

18세기 초반 영국에서 이미 등장한 백화점은 19세기 초반을 거쳐 대규모 상점 형태로 파리에서 성장하다 1850년대에 들어 본격적으로 발전한다.[*] 우리말로 '백 가지(아주 많은) 물건이 있는 상점'을 뜻하는 백화점은 영어로는 department store, 불어로는 grand magasin(거대한 상점)이다. 영어에서는 '부문별' 판매가, 불어에서는 '커다란' 건물 규모가 백화점을 특징 짓는다. 이 세 단어를 조합하면 '부문별 다양한 상품을 커다란 건물'에서 판매하는 곳이 백화점이라 할 수 있다.

백화점은 대량 구매에 의한 저가 상품 공급, 새로운 판매 구조 도입, 참신한 형태의 판매 공간과 소비 방식을 제공했는데, 이 모든 것은 거대하고 화려한 건축물에서 시작된다. 싼 가격에 대량 구입한 상품을 저장하고, 다양한 상품을 전시하고, 판매하기 위해 넓은 공간이 필요했다. 또한 많은 고객을 수용하고 새로운 고객을 이끌기 위해서도 더 크고 더 멋진 건물이 필요했다. 따라서 백화점이라는 영역에 뛰어든 사업가들은 땅을 매입하고 큰 건축물을 짓는 데 몰두하게 된다.

• Bennett's of Irongate(1734년, Derby), Tapis Rouge(1784년, Paris), Aux Trois-Quartiers(1829년, Paris) 등을 백화점의 전신으로 본다.

더 거대하게, 더 화려하게

당시 파리는 이미 건축물로 빽빽한 상황이라 우선 한 건물을 매입하여 백화점을 짓고 이어 인근 땅을 사들여 단계적으로 확장했다. 백화점 시대를 연 장본인 격인 봉 마르셰는 1852년 최초로 문을 열었으나 인근 건물을 약 30년에 걸쳐 매입해 1879년에서야 백화점 전체가 완공되었다.

수십 년에 걸쳐 블록 전체를 아우르는 대규모 부지를 확보하고 건물을 확장하는 과정에서 건축주는 당시 최고 수준의 건축가들에게 가장 화려하고 새로운 건물을 의뢰했다. 샹 드 마르스 갤러리(Galeries du Champ de Mars, 1878년), 그랑 팔레(Grand Palais, 1900년)와 같은 파리 만국박람회의 주요 건축물을 설계한 철 구조 엔지니어 무아상(Armand Moisant)과 부알로(Louis-Charles Boileau), 에펠탑을 설계한 에펠(Gustave Eiffel)이 설계에 참여하여 새로운 구조 기법과 재료를 사용해 아름다운 소비의 전당을 만들었다.

이처럼 오랜 시간 공을 들여 도시에 자리 잡는 과정은 여러 백화점에서 공통적으로 나타난다. 이름부터 이국적인 '사마리탄'은 타일, 철제를 주로 사용하여 우아하고 섬세한 아르누보와 아르데코 스타일을 연출한다.[*] 퐁뇌프 다리를 건너는 순간 햇살을 맞으며 빛나는 사마리탄은 상업 시설로는 최적의 입지인 파리의 중심에 위치한다. 단계적으로

• 사마리탄 백화점의 시초는 1870년 에르네스트 코냑(Ernest Cognacq)이 48㎡ 면적으로 연 상점이었다. 백화점은 1880년대부터 1930년대까지 수차례에 걸쳐 확장된 결과 네 개의 건물이 완성되었다. 백화점 건물은 주르댕(Frantz Jourdain)과 소바주(Henri Sauvage)가 설계했고 아르누보와 아르데코 양식을 따랐다. 그중 두 개 건축물은 국가에 의해 역사적 기념물로 지정되었다.

01

02   03

01 BHV 입면. 다른 네 동의 건축물을 연결하는
백화점 1층 상부 철골 캐노피에서 다른 시기에 지어진
여러 건물들이 모여 백화점이 구성됐음을 알 수 있다.

02, 03 건물 네 동으로 구성된 사마리탄 백화점.
타일 장식의 색감과 모티브가 이국적인 매력을 뽐낸다.

백화점이 확장됨에 따라 다른 시기에 건설된 네 개의 건물로 나뉘지만 유사한 건축 형태와 재료를 사용해 한눈에도 같은 백화점임을 알 수 있다. 또 다른 백화점인 BHV 역시 외관에서 건물들이 차례차례 지어져 오늘날의 거대한 백화점이 완성된 게 드러난다.

그러나 백화점이 단계적으로 확장됐음에도 외관에서 그러한 흔적을 찾아보기 어려운 경우도 있다. 프랭탕(Printemps) 백화점은 1881년 발생한 대화재로 건물이 전소되자, 전체 건물을 신고전주의 양식으로 지어 더욱 세련된 모습으로 재탄생했다. 봉 마르셰도 1915년 화재를 겪고 아르데코 양식으로 건물을 통일하여 외관에서는 오랜 형성 과정이 느껴지지 않는다.[1]

백화점의 화려함은 건축물 내부에서 더욱 적극적으로 연출되었다. 천장에는 대형 로톤다(rotonda, 돔 모양의 천장이나 이를 지닌 건물)를 철골로 만들고 채색 유리를 끼워 신비한 푸른빛이 쏟아지고, 오페라 발코니를 연상시키는 금색과 꽃무늬로 장식된 갤러리가 유리 돔을 중심으로 펼쳐진다. 중앙에는 웅장한 계단이나 모던한 아트리움을 두었다. 이처럼 화려한 공간이 만들어지자 구경꾼들로도 백화점은 북적거리게 되었다.

'화려한'을 뜻하는 영어 단어 '디럭스(de luxe)는 불어의 전치사인 de(영어의 of에 해당)가 명사 luxe(화려함) 앞에 붙은 재밌는 단어인데, 19세기 프랑스 백화점은 바로 도시 속에 디럭스를 구현하고 일상생활에 화려함과 소비의 세상을 열었다. 19세기 후반 거대하고 화려한 모습으로 탄생한 백화점은 무엇보다 새로운 형상의 건물을 통해 산업 시대의 성장을 소비로 연결시켰다. 에밀 졸라의 표현처럼 백화점은 유리로 만

01

02

03

04

01 프랭탕 백화점의 모서리 타일 장식과 철골 구조 장식은
수공예 작품을 보는 듯하다.

02 원형 기둥과 아기자기한 장식이 눈에 띄는 프랭탕 백화점 출입구.
마주한 갤러리 라파예트보다 섬세한 느낌을 준다.

03 갤러리 라파예트 외관. 갤러리 라파예트는 여성관, 남성관, 생활관
세 동으로 구성되어 있다.

04 갤러리 라파예트 1층을 내려다본 풍경.
커다란 화장품 케이스들을 보는 듯하다.

들어진 거대한 "상업의 대성당"으로 도시에 우뚝 섰고 시민들은 완전히 새로운 소비의 세계로 빠져들게 되었다.

A Whole
New World

자율, 경쟁, 유통

새로운 공간이 출현하자 새로운 시대가 시작되었다. 여기서 말하는 새로움이란 생산, 유통, 판매, 관리, 노동, 소비 모든 측면에서의 새로움이다. 가격 측면에서는 정찰제가 도입되어 여러 물건의 가격을 비교할수 있게 되었다. 또한 물건을 사지 않아도 누구나 자유롭게 백화점에들어가 물건을 구경할 수 있게 됐으며, 환불제가 도입되었다.

한편 판매 측면에서도 새로운 시스템이 도입되었다. 거대한 백화점내에는 개별적으로 판매대가 설치되었고, 종업원들은 판매대별로 승인받은 물량 내에서 자신이 자율적으로 상품 가격을 책정하고 판매하였다. 판매량에 따라 성과급을 지급받아 종업원들은 판매 의욕이 높았고, 결과적으로 백화점 전체의 판매량이 높아지는 결과를 가져왔다. 시장에 자율과 경쟁이 도입된 것이다.

백화점을 통해 본격화된 가격 경쟁은 구매 담당자가 생산자와 직접계약을 맺어 상품을 대량 구매하면서 가능해졌다. 이는 생산자가 물건을 판매하던 전통적 시스템과 결별하고 유통이 상업의 중심이 된 것을 의미한다. 철도가 발달하자 백화점 구매 담당자는 지방으로 가서 생산자에게 물건을 대량 구매하여 상품 가격을 낮췄고, 구매한 물건은 대형 공간에 저장해두고 소비자의 반응을 살피면서 판매하였다. 물건을 구입할 때는 소비자 반응을 즉각적으로 반영하고, 이미 구입한 물건이 재고로 남으면 저장 비용을 줄이기 위해 가격을 할인하여 판매했다.

각 판매대를 중심으로 백화점의 매출이 나날이 증가하고 백화점 규모가 커지자 관리가 부각되었다. 판매원을 관리하는 중간 관리자가 생겼고, 이들은 물품의 구매와 가격을 결정하는 중요한 역할을 담당하게 된다. 당시 관리 분야에서 큰 능력을 나타낸 인물은 봉 마르셰의 주인 마르게리트 부시코(Marguerite Boucicaut)이다. 졸라의 소설『여성들의 행복을 위하여』의 모델이기도 한 마담 부시코는 남편 아리스티드 부시코(Aristide Boucicaut)와 1848년 결혼 당시 상당한 지참금인 5만 프랑(당시 일반 행정 공무원 연간 소득이 3,000프랑이었음)을 가져와 봉 마르셰를 열 수 있도록 도움을 주었고, 1877년 백화점을 확장하는 마무리 단계에서 남편이 사망하자 이후 1,788명의 직원을 지휘하며 백화점을 운영하게 된다.

자식을 일찍 잃은 그녀는 백화점을 봉 마르셰 민간 회사(Société Civile du Bon Marché)로 전환하고 회사 주식을 직원들만 가질 수 있도록 하여, 외부 자본에 회사가 매각되지 않도록 하는 동시에 백화점의 이익을 직원들에게 환원했다. 또한 백화점 상층에는 숙소를 마련하여 절반에 가까운 직원들이 거주할 수 있도록 해 복리 후생 개념을 도입하고, 근무 성과에 따른 승진 기회를 부여하여 근로 의욕을 촉진했다. 한편으로는 직원들에게 검은 유니폼을 입게 하고, 고객에게 불친절할 경우 즉시 해고하는 등 직원 관리를 매우 철저하게 해 기업 서비스 문화를 만들어갔다.

소비의 창출과 문화의 상품화

19세기 백화점은 좋은 상품을 저렴한 가격으로 공급한 것뿐 아니라 적극적으로 상품과 소비자의 이미지를 만들어내 여심과 구매욕을 자극했다. 올봄의 유행, 세련된 현대 여성과 같은 이미지가 백화점의 패션쇼와 대형 광고를 통해 널리 퍼졌고 파리에 국한된 소비자를 늘리기 위해 카탈로그를 만들어 통신판매를 했다. 상품은 프랑스 지방 도시뿐 아니라 유럽 도시는 물론 프랑스 식민지와 남미 부에노스아이레스까지도 배송되었다.

입지가 확고해지자 백화점은 고객의 새로운 요구를 읽고 이를 충족하기 위해 고급 상품들을 계속 만들어냈다. 이때부터 백화점은 문화, 교육 기능까지 흡수하게 된다. 여성에 직접 관련된 의류, 장신구 위주에서 점차 식생활, 아동, 남성으로 판매 영역을 넓혔고, 세련되고 현명한 주부가 될 수 있도록 요리나 교육 관련 문화 강좌가 백화점에 속속 도입됐다. 20세기 초에는 스포츠 강좌가 도입

1924년 갤러리 라파예트 광고.
Phillipe Verheyde,
『Les Grands magasins parisiens』,
2012, p. 79

(좌) 프랭탕 백화점 쇼윈도가 크리스마스 분위기를 돋운다.
(우) 크리스마스 시즌이면 프랭탕 백화점의 캐노피 천장은 꽃으로 덮인다.

되었고 어린이들을 위한 극장도 생겼다. 크리스마스 시즌이면 백화점 쇼윈도에서 여러 인형극을 열어 어린이들이 무료로 볼 수 있도록 하는 전통이 생겼는데 이는 오늘날에도 지속되고 있다.

백화점의 구조적 변화

언제까지나 번영의 길을 걸을 것 같던 백화점은 1차 세계대전 이후 특정 상품을 판매하는 대형 매장이 생겨나자 이에 대응하기 위해 상품을 다양화하면서 성격이 바뀌어갔다. 일례로 가구를 취급하기 시작했는데, 가구는 다른 상품에 비해 부피가 커 보관에 많은 공간과 비용이 소모되나 회전율은 낮았다. 기존의 백화점은 대량 구매, 유통 혁신을 통해 상품을 싸고 빠르게 공급했지만, 가구처럼 회전율이 낮은 상품을 판매하자 저장 비용이 증가했다. 결과적으로 원가보다 월등히 높은 가격으로 상품을 판매하게 된 것이다. 아래 표에서 나타나는 것처럼

1880년대 상품의 원가와 판매가의 차이는 20퍼센트였으나 1930년대가 되면서 원가와 판매가의 차이는 40퍼센트에 육박한다.[2] 기존처럼 저렴한 가격에 물건을 공급할 수 없게

	1880	1914	1930	1938
가격 차이	20%	30%	35%	40%
일반 비용	15%	25%	31%	38%
순이익	5%	5%	5%	2%

백화점의 이익 및 비용 변화
가격 차이와 일반 비용은 급증하는 반면 순이익은 정체하다 결국 감소한다. 일반 비용은 물품 구매 비용 외에 소요되는 유통, 보관, 인건비 등 제반 비용을 말한다.
출처: Phillipe Verheyde, 「Les Grands magasins parisiens」, 2012, p. 83

된 백화점은 고급 상품에 집중하는 구조로 변화하게 된다.

20세기에 접어들어 타 상업 시설과 경쟁하며 과거의 혁신적 성격이 줄어들기는 했지만 백화점은 개선된 유통 구조를 기반으로 자율과 경쟁이라는 두 가지 특성을 소비자의 욕망이라는 외부 요인과 가장 잘 조합해낸 결과물이다. 교회와 묘지 이외에는 여자가 혼자 외출할 곳이 없던 19세기 유럽 사회에 백화점은 비로소 남편 없이도 여성이 외출할 수 있는 공간과 자유를 제공했고, 고객인 여성을 상대하기 위해 여성 근로자를 고용하여 여성에게 사회생활의 기회를 선사했다.

그리고 무엇보다 백화점은 여성의 소비 욕구와 문화생활 및 교육의 욕구를 마케팅 전략으로 연결했고, '서비스'라는 현대사회의 새로운 재화를 탄생시켰다. 산업과 교통의 발달을 비롯해 채권 같은 근대적 금융 제도를 토대로 성장한 백화점은 새로운 유통 구조와 판매, 홍보 방식을 개척하여 현대적인 모습의 기업이 출현하는 데 지대한 영향을 미쳤다.

3

화신백화점부터
센텀시티까지

일제강점기 민족 자본의 자존심

우리나라에서 백화점은 1920년대 여러 대규모 상회들의 발달을 거쳐 1930년대부터 본격화되었다. 1929년 서울에는 일본 자본인 조지야, 미나카이 백화점이 상회에서 모습을 바꿔 백화점으로 개장했고, 1930년에는 지하 1층, 지상 4층 규모의 미쓰코시 백화점이 개장했다. 곧이어 우리나라 자본가들도 백화점을 설립하여 1932년 5월에는 동아백화점, 7월에는 콘크리트 건물 3층 규모의 화신백화점이 문을 열었다.[3]

우리나라 백화점도 서양과 같이 마진을 없애고 대량으로 구매해 가격을 낮췄고, 동시에 호화로운 물건과 볼거리를 제공하였다. "찬란한 일루미네이션, 엘리베이터, 에스컬레이터, 쇼윈도, 마네킹, 옥상정원"이 갖춰진 백화점은 누구나 방문해보고 싶은 곳으로 "사람의 이목을 유혹하는 근대의 요귀"라 당시 문헌에 표현되고 있으며,[4] 시골 사람들에겐 언젠간 꼭 한번 방문하고 싶은 동경의 장소였다. 당시엔 백화점이 위치한 남촌 진고개(충무로)를 가본 것 자체로도 큰 자랑거리가 되었다고 한다.[5]

20세기 초반 서울의 인구는 50만 정도였으나 백화점이 다섯 개 이상 성업하고 있었고, 각각의 백화점에는 특화된 고객 계층이 있었다. 타 백화점과 차별화하는 동시에 비교 우위를 점하는 것. 이는 파리의 백화점에서도 공통적으로 나타나는 특징이었다.

　　경쟁 구도는 우리나라 자본가들이 설립한 백화점 간에도 나타났다. 종로 2가를 사이에 두고 비슷한 시기에 문을 연 동아백화점과 화신백화점은 상권과 상품군, 민족 자본의 백화점이라는 정체성까지 유사했다. 1932년 3월 동아백화점이 종로 2가에 문을 연 지 두 달 만에 길 맞은편에 주식회사로 전환된 화신상회가 증개축하여 개장하면서 경쟁이 시작됐다. 약 두 달에 걸친 치열한 경쟁 끝에 화신백화점이 약 8만 원, 동아백화점이 약 7만 원의 적자를 입었고, 자금 조달에 탁월한 능력을 보인 화신백화점 대표 박흥식이 1932년 7월 동아백화점의 경영권과 건물 일체를 인수하는 계약을 체결하면서 경쟁은 끝나게 된다.[6]

　　이후 화신백화점은 암울했던 일제강점기에 민족 자본을 대표하는 백화점으로 번창했다. 화신백화점은 일본 자본의 공세 속에서 생존한 민족 자본 상업 시설이라는 자부심을 대표하기도 하지만 동시에 친일이라는 비판을 받기도 했다. 화신

경성 5대 백화점 위치도
출처: 염복규, 「민족과 욕망의 랜드마크」, 2011

백화점이 조선인 백화점으로 입지를 다지면서 종로를 중심으로 한 조선인 상권과 충무로를 중심으로 하는 일본인 상권의 구분이 명확해졌다. 파리의 갤러리 라파예트가 화재를 계기로 오늘날의 새롭고 호화로운 건축물로 거듭난 것처럼 화신백화점도 1935년 1월 화재가 발생하자 임시 백화점을 열어 영업을 계속하고 기존 터에는 백화점을 신축하여 1937년 6층 규모의 웅장한 건물로 새로이 개관한다. 이 건물에는 에스컬레이터와 엘리베이터가 설치되고, 지하 1층에는 식품관이 6층에는 그랜드 홀이 자리 잡았으며, 밤엔 화려한 조명으로 백화점을 광고했다. 이처럼 화려해진 백화점에는 최신 유행을 좇는 모던 걸이 몰려들었고 상류층에게는 서양식 모던 라이프가 전파되었다.

화신백화점은 일제강점기 내내 박흥식의 탁월한 경영 기법에 의해 번창했다. 다양한 근대적 경영 기법이 도입되었는데, 상품을 생산 공장에서 직접 구입하여 소매점에 공급하는 연쇄점 사업으로 전국에 350개의 연쇄점을 모집·운영했고, 1935년에는 평양백화점을 인수해 화신 평양 지점을 열고, 1938년에는 진남포 지점을 개점했다. 해방 이후에도 화신백화점은 한동안 쭉 그 명맥을 유지했다. 1950년대부터는 매장을 임대하여 운영했고, 1955년에는 신신백화점을 개점하는 등 여러 변화가 있었다. 그러나 1970년대에 들어 기업 운영이 어려워지면서 1980년에는 기업이 해체됐고, 종로 도로 확장 사업으로 백화점 건물이 철거되면서 화신백화점은 역사 속으로 사라졌다.[7]

백화점의 성장기와 성숙기

해방 후 6·25 전쟁을 겪고 1970년대에 들어 현대식 백화점이 본격적으로 설립되기 시작한다. 신세계 본점(1963년)이 문을 연 이후, 미도파 본점(1973년), 코스모스(1970년), 아리랑(1971년), 새로나(1976년), 가고파(1976년), 맘모스(1979년), 롯데 본점(1979년), 한양 영동점(1979년)이 줄지어 개점했다. 새로나, 가고파, 아리랑과 같은 순우리말이 백화점 이름으로 사용된 점이 흥미롭다. 당시 문을 연 백화점들은 직영으로 운영됐고 대부분 충무로, 명동, 소공동처럼 일제강점기부터 정착된 상업 중심지에 자리했다. 또한 가고파와 맘모스는 제기동과 전농동에 자리 잡고 있어 당시 상업 기능이 어떤 지역을 중심으로 서울에 분포했는지 알려준다.[8]

　1980년대에는 경제 발전에 힘입어 18개의 백화점이 개점하면서 바야흐로 한국 백화점의 전성기를 맞았다. 백화점이 새로 생긴 곳은 압구정동(현대), 영등포(신세계), 논현동(영동), 잠원동(뉴코아), 길음동(파레스), 대치동(그랜드) 등으로 백화점의 입지가 부도심과 지역중심으로 확대되는 것을 알 수 있다.* 서울의 동쪽 끝인 천호동(유니버스, 1984년)과 북쪽 끝인 하계동(한신코아, 1988년)에까지 백화점이 개점했다는 것은 이미 오늘날의 모습으로 상권이 확장되었음을 말해주며, 상업 시설에서 가장 고차 위계인 백화점이 들어섰다는 것은 그만큼 서울의 상권이 분화되고 지역 구매력이 높아졌음을 말해준다. 특히 1988년과 1989년

• 도시계획에서 한 도시의 중심지는 도심, 부도심, 지역중심, 지구중심으로 위계화된다.

사이 7개의 백화점이 개점해 88올림픽을 기점으로 우리나라 소비가 급격히 증가했음을 보여준다.

1990년대는 12개의 백화점이 개점했는데, 이때 들어선 백화점들은 롯데백화점 영등포점을 제외하고는 대부분 신생 백화점이다. 삼미비바 (한남동), 삼풍(서초동), 해태(명일동), 태평(사당동), 애경(구로), 경방필(구로), 그레이스(창천동)와 같은 백화점은 이미 입지를 굳힌 대규모 백화점과는 다르게 중규모로 지어졌는데, 주로 도심이나 부도심이 아닌 지역 상권의 중심지에 위치한다. 롯데백화점 영등포점(1991년)의 건축 면적은 22,900제곱미터, 연면적은 94,338제곱미터인 반면 한남동 삼미비바(1992년)는 건축 면적 1,470제곱미터, 연면적 22,637제곱미터의 규모로 같은 백화점이라 해도 규모는 큰 차이를 보였다.

1980년대부터 1990년대 중반까지 연 20퍼센트의 성장률을 자랑하던 백화점은 1990년대 말 금융 위기를 맞으며 큰 어려움을 겪게 되는데, 이 과정에서 작은 규모의 백화점들은 도산하여 용도가 바뀌거나 대형 백화점에 흡수되었다. 그러나 금융 위기가 지나자 다시 백화점은 지속적으로 문을 열어 2000년 이후 11개의 백화점이 생겼다. 이 시기에 개점한 백화점들은 주로 롯데, 현대, 신세계와 같은 백화점의 지점들이다. 이후 우리나라 백화점은 소수의 대형 백화점 위주로 구조가 재편되었다.[9]

2000년 후반부터 최근까지 개발이 계속된 부산 센텀시티는 대기업, 대형화 위주의 백화점 트렌드를 잘 나타낸다. 2009년 개장한 신세계백화점 센텀시티점은 매장 면적 126,477제곱미터로 당시 아시아 최고의 규모를 자랑했는데, 이와 인접한 블록에 롯데백화점이 개점했고, 최근 현대백화점 또한 개점해 우리나라의 구매력을 짐작케 한다.

머잖아 100년의 역사를 지니게 될 우리나라 백화점은 일상생활에 새로운 문화를 전파한 공간으로 큰 의미를 지닌다. 정찰제와 반품제 같은 근대적 상업 제도가 도입되었고, 여가·문화 공간도 백화점 내에 마련되었다. 일반인들은 이곳을 통해 커피, 양과자, 모피 코트와 같은 서양식 의식주를 접할 수 있었고, '숍 걸', '모던 걸'과 같은 한 시대를 나타내는 여성상도 등장했다. 백화점에서는 양갓집 마나님이든 카페 여급이든 모두 동등한 고객으로 대접받을 수 있었다는 점이 가장 큰 변화일지도 모른다. 윤리적 타락이라는 비판이 있기는 했지만 '모던 걸'은 도시적 감각과 분명한 자아상을 지닌 새로운 여성의 모습이며 소비 주체로서 사회적 영향력이 있었다.[10] 모던 걸을 통해 새로운 유행을 만들고 사회에 확산시킨 백화점은 자본주의의 도입과 소비 문화가 만나면서 나타난 도시와 사회의 변화를 도시 내 다른 어느 장소보다 잘 보여준다.

쇼핑에 의한,
쇼핑을 위한 도시

도시 = 쇼핑

렘 콜하스 『Mutations』이라는 책에서 "도시는 곧 쇼핑"이라고 정의했다.[11] 우리가 새로운 도시에 발을 내딛을 때와 그곳을 떠날 때, 박물관이나 미술관에서 예술 작품을 감상할 때, 도시 속 문화유산을 찾을 때도 쇼핑은 필수다. 공항에선 면세점이 가장 중요한 공간이 되어 출국할 때 거치는 것으로는 부족해서 입국장에도 면세점 설치를 검토하고 있고, 미술관과 박물관의 동선도 뮤지엄샵 옆에서 시작해 다시 뮤지엄샵을 거치며 끝나도록 구성되어 있다.

다른 도시에 가면 반드시 먹어봐야 하는 음식과 반드시 가봐야 할장소가 있는 것처럼 반드시 사야 할 물건들도 있다. 어느 도시에선 가죽 제품을 사야 하고, 어느 도시에선 유리 공예품을 사야 한다. 해외여행 후 블로그에 올린 사진 중에는 멋진 장소를 찍은 사진보다 득템한 상품들을 모아 한 컷으로 담은 사진에 열렬한 댓글들이 달린다. 그리고 'I♥NY'처럼 도시 자체가 상품이 되기도 한다. 도시는 정치적, 경제적, 사회적 속성을 동시에 지니지만 20세기 후반을 지나며 점차 상

파리 에르메스 매장.
이쯤 되면 상업 시설보다는
문화시설에 가깝다.

업적 성격이 두드러지고 있다.

　도시 속 상업 시설의 기본은 시장이다. 물물교환에서 시작된 시장은 생산자가 재배한 농산물이나 만든 물건을 판매하는 장소였다. 우리나라의 경우 시전, 육의전으로 알려진 상가 거리가 있었지만, 삼일장 오일장처럼 상시적 형태가 아닌 시장이 더 많이 발달했다. 당시엔 매일 물건을 구입할 필요가 없었고 필요한 물건은 직접 만들거나 재배하는 형태로 조달했다. 그 외에도 보부상이 물건이 필요한 사람을 찾아다니기도 했다. 서양에서 시장은 광장을 중심으로 발달했고, 주 2회 또는 3회 열리는 가로변 시장은 오늘날에도 활발히 열리고 있다. 프랑스인의 시장 사랑은 특별해 식료품은 대형마트보다는 시장에서 파는 걸 더 믿고 애용한다.

　중세 시대부터 유럽 도시의 상점들은 가로변에 길게 늘어선 모습으로 형성됐다. 상점의 창가에는 자신이 만든 물건을 진열하고 내부에선 물건을 제조하는 수공업적 형태를 유지하고 있었다. 그러나 백화점이 등장하면서 가로를 따라 길게 발달했던 상점은 커다란 건축물에 층층이 쌓이는 방식으로 변화되었다. 옷 가게, 신발 가게처럼 개별 품목을 판매하던 가게의 구분도 사라져 한 장소에서 여러 종류의 물건을 살 수 있게 되자 백화점 주변의 작은 상점들은 초토화됐다. 그러나 이처럼 승승장구하던 백화점은 20세기 미국식 몰의 등장으로 인해 또 다른 모습으로 바뀌었다.

자동차가 보급되어 이동 거리의 제약이 없어지면서 상점들은 지가가 싼 교외 지역으로 나가게 되고, 몰은 점차 거대화되어 캐나다엔 축구장 100개 규모를 뛰어넘는 몰까지 등장했다.[12] 국내에선 코엑스몰과 같은 대규모 몰이 급성장했고, 1990년대 할인형 매장인 하이퍼마켓이 확산되면서 백화점의 급성장에 제동이 걸리게 된다. 새로운 유행이 뜨고 지는 것처럼 도시에서의 쇼핑 문화도 끊임없이 변하고 있다.

현대 도시 속 축제의 장

도시가 우리에게 제공하는 중요한 기능 중엔 축제의 기능이 있다. 과거 모든 사람이 꿈의 도시로 생각했던 베니스에서는 일 년 내내 축제가 열렸다. 봉건사회에서 타고난 계급을 벗어나지 못한 채 평생 노동을 해야 하는 농민 계급에게도 카니발에서만은 모든 것이 허락되었다. 가면을 쓰고 신분을 감춘 채 며칠간 밤새도록 먹고 마시고 즐기는 카니발은 도시가 부여하는 가장 즐거운 순간이었다.

오늘날 정기 세일 기간은 중세 시대의 카니발과 견줄 만하다. 일 년에 딱 두 번 있는 프랑스 솔드(Solde, 정기 세일)의 첫날은 말 그대로 축제이다. 1월 첫째 주 수요일, 6월 넷째 주 수요일에 시작되어 5주간 지속되는 세일 기간의 첫날에 맞춰 여자들은 휴가를 내고, 상점들은 평소 10시인 개점 시간을 앞당겨 8시에 문을 연다. 월드컵 조 추첨을 보는 남자들의 마음도 그만큼 두근거리진 않을 듯한데, 평소에 눈도장 찍어둔 옷과 구두가 매장에 남아 있기를 기원하며 카운트다운을 기다린다. '솔드'는 대도시에 사는 자만이 만끽할 수 있는 축복이다.

2013년 통계청 자료에 따르면 우리나라의 전국 백화점 수는 95개인데 그중 서울에 31개가 있어 지역 편중이 매우 심하다. 이마트, 롯데마트와 같은 대형 할인점은 전국 620개 중 서울에 120개가 위치해 백화점처럼 지역 편중이 심하지 않은데, 유독 최고급 쇼핑 시설인 백화점에서만 서울 편중 현상이 심하게 나타난다. 게다가 30개가 넘는 서울의 백화점 중 롯데백화점이 10개, 현대백화점이 9개를 차지해 시장 독점이 아닌가 하는 생각도 든다.

하지만 이처럼 축적된 자본과 경험이 해외로 진출했을 땐 우리나라의 영향력이 얼마나 커졌는지 알려주는 바로미터가 되기도 한다. 롯데백화점은 하노이, 톈진, 자카르타, 모스크바에도 있다. 한류가 해외 도시의 상권에까지 영향을 미치는 것이다. 굳이 한국에 오지 않아도 베트남 사람들은 하노이에 있는 롯데백화점에서 한국 화장품이나 전자제품을 살 수 있다는 얘기다. 이쯤 되면 우리나라가 선진국이 된 기분이다. 백화점이 국위 선양까지 할 수 있다는 것은 소비 시대이기에 가능한 일이다.

01

02

03

01 광고 문구에 써 있는 것처럼
세일 기간은 'crazy week'다.

02 이게 바로 모든 여자의 가슴을
설레게 하는 지미 추.
세일 기간에나 구입을 고려해본다.

03 세일 기간 우리나라 백화점 풍경.

04 규모 면에서 우리나라 최고인
롯데백화점.

04

백화점 *grand magasin*

시대와 문화의 거울

욕망, 아이콘, 워너비, 잇 아이템이란 단어로 대표되는 백화점은 도시에 소비와 유행을 꽃피웠다. 유행을 만들고 확산시키면서 동시에 소비자의 요구를 빠르게 반영해야 하는 특성으로 인해 백화점이 판매하는 상품에는 시대의 특징이 담겨 있다. 물론 의류는 인간의 기본적인 소비 품목으로 빼놓을 수 없는 주요 상품이다. 그 외에도 향수, 보석, 시계 같은 사치품도 예나 지금이나 백화점의 가장 비싼 1층 매장에 자리 잡고 있다.

하지만 최근 들어 과거에는 생각하지 못했던 상품들이 백화점 1층 판매대를 점령하고 있다. 파리나 서울의 백화점에서 동일하게 발견되는 새로운 품목은 애완 용품, 방향제이다. 한국의 갤러리아백화점에는 애완동물 용품을 판매하는 펫 부티크가 서관 1층에 있고, 파리의 BHV는 애완동물 용품 매장을 메인 백화점 뒤 별도 건물에 입점시켰다. 요즘 멋진 이성을 만나려면 한강공원에 개를 끌고 나가 산책하면 된다는 말이 있는데 이를 위해선 개에게도 백화점에서 파는 명품 액세서리를 달아줘야 할지도 모르겠다. 애완동물 용품 매장이 백화점에 입점하는 현상은 동물이 가족 구성원으로 인정받는 트렌드가 반영된 모습인 듯싶다. 그리고 방향제, 천연 양초 등을 파는 매장도 최근 들어 크게 확장되고

BHV 백화점의 애완동물 용품 판매점 입구.

01

02

03

04

01 세련된 자태의 새들로 연출된 BHV
조명 및 가구 매장의 디스플레이가 눈길을 끈다.

02 현대 미술관에 온 듯한 느낌을 주는 갤러리
라파예트 2층. 이곳엔 주로 명품관들이 자리한다.

03 BHV 어린이 코너 계산대의 벽면은
낙서로 가득 차 있다.

04 BHV 가구 매장에는 손잡이만 판매하는
코너가 있다. 몇만 개나 될 법한 문과 서랍
손잡이가 빽빽하게 진열돼 있다.

백화점 *grand magasin*

있는데 스트레스가 많은 현대인이 조용한 휴식을 얼마나 원하는지 알 수 있다.

한편 백화점은 그 지역의 역사와 문화를 반영한다. 파리의 BHV는 브리콜라주 용품에 특화된 매장들이 많은데, 이곳에서는 수만 개의 문 손잡이를 고를 수 있고, 지하층은 집수리를 위한 목재, 철물, 공구 등에 완전히 할애되었다. 또한 미술 용품과 장식 용품에도 넓은 공간을 할애해 다른 백화점과는 차이를 보인다. 아직도 한편에선 19세기에 그랬듯 실크 스타킹과 모자를 판매하고, 다른 한편에선 애완동물 용품과 애플 전용 매장을 갖춘 백화점에서 200년의 시간이 교차되고 있다.

쇼핑은 도시인에게 큰 즐거움을 준다. 왠지 모르게 외롭고 우울한 날, 반짝이는 쇼윈도를 바라보고 원하는 물건을 사는 행위는 내 영혼을 달래주는 것만 같다. 소비가 미덕이 되고 생산자보다 소비자가 대접받는 사회에서 우리는 쇼핑이란 행위를 사랑한다. 쇼핑이 문화가 되고, 축제도 되고, 도시의 발달과 몰락을 결정 짓고, 도시 간의 경쟁을 만들고, 나라의 위상을 대표하는 현상은 오늘날 쇼핑이 만들어낸 현대 도시의 모습이다.

봄날은 갔지만
문화유산으로 남는다

백화점 보존 지구

불과 50년 전만 해도 백화점이라는 거대한 공룡에 아무도 맞설 수 없을 것 같더니 대형 할인점, 아웃렛이 출현하면서 백화점의 독점 시대는 지났다. 하지만 백화점은 단순히 고급 상품을 판매하는 장소를 넘어 도시에서 복합적인 의미를 지니고 있다. 무엇보다 유럽 도시에서 백화점은 문화유산으로서의 의미가 크다. 19세기 후반 최고의 건축 구조 기법과 공간 연출 기법이 적용된 백화점은 서민들에게 허락된 가장 화려하고 환상적인 건축 공간이었다.

프랑스 파리는 19세기 중반부터 오스만이 이끈 도시 정비 사업으로 대규모 가로가 정비되고 새로운 건축물들이 많이 들어섰지만, 오페라 극장과 같은 고급 시설은 주로 상류층의 전유물로 화려해진 도시에서 서민들이 누릴 수 있는 공간은 극히 제한됐다. 같은 시기부터 유행한 만국박람회에서 대규모 건축 구조물이 건설되고 다양한 볼거리와 즐길 거리가 도시에 들어섰지만 이는 어디까지나 임시적 건축물로 박람회가 끝나면 사라지는 것이었다. 또한 박물관은 대중의 여가 공간이 되기엔 그 개수가 턱없이 부족했고, 미술 작품은 예술가를 후원하는 귀족과 부르주아를 중심으로 전시되고 거래되어 오늘날처럼 누구나 예술 작품을 즐기거나 관람할 수는 없었다. 이때 시대적으로 가장 전성기를 맞은 철골 구조를 적용하고 유리, 철물 등을 적극적으로 활용한 백화점은 기존의 석조 건축물에서 벗어난 새로운 건축 공간으로 서민의 오락 욕구를 충족해주었다.

19세기 모던 라이프와 문화, 건축 기술이 집대성된 백화점은 오늘날 도시계획에서 보존이 요구되는 지구로 지정되어 그 중요성을 잘 나타낸다. 2000년에 들어서면서 프랑스는 지속 가능한 발전을 국가의 기본 발전 방향으로 설정하고 도시계획의 체계와 내용을 크게 수정하

2006년 파리 도시지역계획에는 백화점 보존 지구가 지정돼 있다.
지도에서 강조된 영역이 백화점 보존 지구이다.
출처: 파리 시 도시지역계획(PLU), 2006

였다. 이에 따라 여러 도시들은 새로운 방향에 맞춰 시 차원의 도시계획을 수립하게 된다. 기능과 생산, 자동차 중심의 도시계획은 환경을 보존하고, 시민 간의 결속과 연대를 강화하고, 도시의 정체성과 재생을 중요시하는 방향으로 변화된다.

파리 시는 2006년 새로 수립한 도시계획을 발표하였다. 과거 19세기 백화점이 발달했던 부지는 '백화점 보존 지구(site de protection des grands magasins)'로 지정되었다. 백화점 보존 지구는 2000년대 이전 파리 도시계획에는 존재하지 않았으나 지속 가능성과 도시 정체성 강화가 기본 방향으로 정해지면서 새로 지정된 것이다. 이는 백화점이 도시의 정체성을 담고 있기 때문이다. 파리의 갤러리 라파예트와 프랭탕 백화점이 모여 있는 파리 9구와 사마리탄 백화점 네 동이 모여 있는 1구의 백화점 부지는 보존 지구로 정해졌으나, 상업 기능과 현재 건축물의 모습을 그대로 유지해야 한다는 강제성을 부여하지는 않았다.

사마리탄 백화점의 재탄생

사마리탄 백화점은 불행히도 2005년 화재와 안전성 문제로 문을 닫았고 현재 명품 브랜드인 LVHM에 의해 재정비 사업이 진행되고 있다. 이 백화점 부지의 공사 진행 과정을 보면 도시에서 오래된 백화점이 어떤 의미를 지니는지 잘 알 수 있다. 현재 진행되는 프로젝트는 일본 건축가 세지마(Kazuyo Sejima)와 니시자와(Ryue Nishizawa)가 디자인한 안이다. 2010년 건축계의 노벨상이라 불리는 프리츠커상을 수상한 이 작품은 건축적으로 매우 우수하다.

새로 정비될 건물은 상업 시설, 사무실, 고급 호텔, 일반 주택 및 공공임대주택, 보육 시설을 넣어 2014년 준공될 예정이었다. 그러나 프로젝트의 입면 중 리볼리(Rivoli)가에 면한 입면이 '샤워 커튼'을 떠올리게 하는 물결 모양의 유리 면으로 디자인되자, 주변 경관과 어울리지 않고 역사적 기념물로 지정된 사마리탄의 모습을 충분히 보전하지 못한다는 문제가 제기되어 2012년 12월 17일 두 건의 건축 허가 중 한 건이 취소되었다. 법원에서 제시한 건축 허가 취소의 이유는 "25미터 높이, 73미터 길이의 흰색 입면은 거의 개구부가 없고, 세로로 반투명하게 처리된 유리 입면은 물결 형태 이외에는 장식이 별로 없어 그 지역의 도시 조직에 어울리지 않는다"였다.[13]

4억 6000만 유로가 투자되는 이 사업은 전격 중단되었고, 이후 계획안에 대한 파리 도시계획 조항의 적합성을 판단하는 소송이 진행되었다. 이 소송에서 관건이 되는 것은 프랑스 도시계획 제도인 PLU(도시지역계획, 우리나라 지자체의 도시기본계획과 도시관리계획이 종합된 성격을 지님)의 일반도시지역 11조(l'article UG 11 du PLU)의 적용 및 해석 여부였다.[14] 이 조항은 건축물이나 정비 사업이 주변 경관 및 보호 대상인 건축물과 잘 어울리는가에 대한 규정을 담고 있다. 건축 허가가 취소되면서 역사적 경관의 보존에 대한 폭넓은 논의가 진행됐고, 이 소송이 진행되는 동안 사마리탄 건물의 일부 동은 전시회장으로 변신하여 파리라는 도시에서 사마리탄이 갖는 건축적 의미와 백화점이 발전해온 역사, 앞으로 진행될 프로젝트를 설명하는 전시회를 열었다. 이를 계기로 사

01

02

03

04

05

01 사마리탄 백화점의 동별 건축 연도.
19세기 말부터 20세기 초까지 약 50년에 걸쳐
건축되었음을 알 수 있다.
출처: 《AMC》 홈페이지

02 19세기 후반 사마리탄 백화점 공사 장면.
대형 철골 구조의 아름다움이 느껴진다.
출처: 사마리탄 백화점 홈페이지

03 사마리탄 백화점 전시회장에 놓인 재정비 계획 모델.
가운데 부분에 기존 건축물 형태가 그대로 보존되고,
블록 양쪽으로 투명한 신축 유리 건물이 이를 둘러싸고 있다.

04, 05 새로 정비 중인 사마리탄 백화점과 주변 투시도.
19세기 오스만 시대 건물로 둘러싸인 가로의 북측 면에
반투명 유리 커튼을 도입했다.
출처: designboom, 사마리탄 백화점 홈페이지

마리탄 백화점 정비 프로젝트는 많은 시민들의 호응을 얻었고, 역사성을 존중하는 건축물의 모습을 보다 폭넓게 해석해 현재 계획안이 부합한다는 법률적 해석을 얻었으며, 설계안은 다시 허가를 받아 2015년 8월부터 사업이 재추진되기 시작했다.

현재 진행 중인 사마리탄 백화점 계획안은 19세기부터 도시의 일부분으로 발전한 백화점을 21세기 도시에 어울리는 모습으로 훌륭하게 탈바꿈했다. 새 계획안은 비슷한 규모와 형태의 건축물들이 서로 연접해 만들어낸 파테(Pâté, 가옥의 집단)라는 파리 고유의 도시 형태를 잘 살려내면서, 북측 가로의 유리 면으로 빛을 끌어 들여 환한 가로를 연출해 새롭고 활력 있는 도시 경관을 만들어냈다.

사업이 재개되기까지는 초현실주의로 불리는 계획안의 건축 스타일에 대한 반대와 언제까지 19세기 오스만 도시 형태에 집착할 것이냐는 비판 등 다양한 논의가 이뤄졌는데, 이러한 과정은 도시의 역사성과 문화유산을 어떻게 보존할 것이냐에 대한 치열한 고민이었다.[15]

미래문화유산을 찾아서

오늘날 파리 도시계획에선 도시의 정체성을 보호하고 역사 자산을 활용하여 도시를 재생하는 것에 중점을 두고 있다. 여기엔 보존뿐 아니라 미처 가치를 인식하지 못했던 건축물을 재발견하고 새로운 가치를 부여하는 일들이 포함된다. 백화점은 한 시대를 풍미한 문화를 담고 있기에 도시에서 그 의미가 크다.

(좌) 과거 화신백화점 자리에 우뚝 선 국세청 건물.
(우) 덩치 큰 현대 건축물 사이에서 꿋꿋하게 도시의 역사를
증명하는 일민미술관.

우리나라도 역사, 문화 자산을 보존하는 제도 등을 통해 노력을 기울이고 있다. 하지만 그 기준이 50년, 100년으로 정해져 있어 제도적인 한계가 있다. 지정문화재와 등록문화재의 범위에 들지 못해 보존되지 못하고 사라진 아쉬운 건축물이 어디 하나둘인가. 근대 건축물인 서울시청은 이미 크레인에 반쯤 부서지기 시작한 후에야 겨우 살아났고, 화신백화점은 이미 흔적도 없이 사라졌다.

얼마 전 서울연구원에서는 동네 역사의 일부인 마을 목욕탕, 이발소와 같은 장소를 찾아내고 이를 미래문화유산으로 지정하여 그 가치를 환기하고 지역의 역사성을 유지하는 데 일조하고 있다. '불광대장간'이나 '삼일로 창고극장'처럼 작지만 오랜 역사를 품은 장소가 우리 도시에도 여러 곳 남아 있다. 광화문 사거리의 동아일보 앞 일민미술관 건

물을 보면 오랜 시간이 쌓여 만들어진 서울이 아름답게 느껴진다. 건축물 자체는 시선을 끌 만큼 아름답진 않지만 높고 커다란 현대식 건물 사이에 조용히 자리 잡고 있는 모습 그 자체로 우리 도시의 오랜 시간과 역사를 말해준다. 원형 그대로의 보존만이 정답은 아니지만 보존의 가치가 있는 대상에 대해서는 고유성을 지켜주는 다양한 방안을 찾아볼 필요가 있다. 파리에서 백화점은 바토 무슈(Bateaux Mouches), 맥심 카페(Maxim's de Paris), 물랭 루즈(Moulin Rouge)와 함께 우리에게 파리의 벨 에포크를 그대로 전해준다. 도시마저 프랜차이즈화되는 요즘, 한 시대의 문화와 건축 기술이 집약된 백화점은 그 도시의 고유성과 역사성을 보여주는 소중한 문화유산이다.˙

• 도시의 프랜차이즈화는 David Mangin의 저서 『La ville franchisée』에 소개된 개념으로, 현대 도시들이 형태와 공간 구성에서 유사한 특징을 나타내는 현상을 일컫는다.

06

cinéma

영화관

20:10

클로딘

UGC 당통
UGC Danton

영화 '신은 존재한다. 그는 브뤼셀에 산다Dieu existe. Il habite à Bruxelle'를 보러 왔다.(우리나라에서는 '이웃집에 신이 산다'로 개봉했다.) 두어 달 전 우연히 본 예고편에 반했다. 대형 사고를 치고 세탁기를 통해 인간 세상으로 도망간 딸을 찾아 잠옷에 슬리퍼 차림으로 헤매는 신의 모습. 아, 신도 그리 편하고 좋은 것만은 아니구나. 한 주 동안 쌓인 피로를 풀어주는 유쾌하고 기발하고 산뜻한 영화다.

오늘은 빡빡한 일정 탓에 어쩔 수 없이 저녁 시간에 왔지만 평소엔 아침에 영화 보는 걸 좋아한다. 입장권엔 좌석 번호가 없어서 아무 곳에나 앉아 영화를 볼 때면 참 여유롭다. 철 지난 바닷가에 혼자 온 느낌이다.

뤼미에르 형제가 비행기가 움직이는 활동 영상을 제작해 창고에서 상영했을 때 사람들은 어마어마한 충격을 받아 소리를 지르고 뛰쳐나가기도 했다고 한다. 하지만 100년이 훌쩍 지나버린 요즘 영화는 일상의 한 부분이다. 딱히 주말에 할 일이 없을 때도 친구를 만나서도 영화관에 간다. 생각해보니 서점이나 미술관보다 영화관을 훨씬 자주 찾는 것 같다.

영화를 보러 갈 땐 영화를 고르는 것만큼이나 어느 영화관에서 볼까를 고민한다. 베르시 빌리지(Bercy Village)의 UGC나 미테랑 도서관과 가까운 mk2 같은 현대식 영화관은 쾌적하고 편리하다. 넓은 로비와 세련된 인테리어, 편리한 좌석까지. 올 때마다 역시 영화관이 이

미테랑 도서관 옆의 mk2 영화관.
매우 넓고 세련된 상영관과
휴식 공간을 갖추고 있다.

정도는 돼야지 싶다. 하지만 도심에 있는 오래된 건물의 작은 영화관
이 지니는 장점도 있다. 낡은 의자와 퀴퀴한 냄새가 그리 반갑진 않지
만 영화를 보고 나오면 근처에 작은 비스트로가 무수히 많다. 아무래
도 영화를 보고 나와 친구랑 맥주를 마시기에는 도심 영화관이 훨씬
매력적이다.

　그래서 오늘도 오데옹 당통 동상 앞의 UGC에서 영화를 보기로 했
다. 워낙 홀이 좁아 먼저 도착해도 기다릴 곳이 없어 영화 상영 시간에
딱 맞춰 가는 게 훨씬 낫다. 영화 시작 직전까지 바로 앞 비스트로에서
해피 아워로 제공하는 5유로짜리 모히토를 마시며 기다린다.

　이 근처엔 고몽(Gaumont), mk2, UGC 같은 대기업 영화관 외에
개성 있는 작은 영화관이 많다. 그중 '르 데스페라도(Le Desperado)'

는 이름부터 마음에 든다. 이름만 들어도 어느 시절 영화관인지 느낌이 딱 온다. 옛날 영화배우 포스터가 덕지덕지 붙은 영화관을 지날 때마다 흑백영화 시대로 빨려 들어가는 것 같다. 이름과 간판과 건물의 소박한 모습이 삼위일체로 딱 맞아떨어진다. 주인 아저씨가 젊은 시절 낭만적인 무법자가 아니었을까 싶다.

이처럼 오래된 영화관 앞에는 연세 지긋한 '제3의 나이(les troisième âges, 프랑스에서 노년층을 이르는 표현)' 분들이 많이 보인다. 이곳 말고도 파리 도심엔 작은 영화관들이 꽤 많은데 특히 주말 오후엔 멋지게 단장한 할머니, 할아버지 들이 길게 줄을 늘어선다. 이런 영화관에선 1950, 1960년대 영화를 꽤 자주 상영하는데 영화관 앞에 서 있는 연세 드신 분들과 몇몇 젊은 사람들이 섞인 모습은 묘한 조화를 이룬다. 옛날 건물의 저층이나 지하에 자리한 오래된 영화관은 겨우 상영관 한두 개 규모여서 매표소나 티켓 판매대도 따로 마련되지 않을 정도로 비좁지만 영화를 보러 온 노인들의 표정은 항상 여유롭다.

영화 시간이 거의 다 되어 비스트로 테이블에 10유로짜리 지폐 한 장과 동전 두어 개를 남겨두고 일어났다. 친구는 UGC 회원 카드를 쓰기 때문에 영화표를 살 필요가 없다. 41.5유로만 내면 원하는 영화를 다섯 편까지 아무 때나 볼 수 있어 나도 한동안 애용했다. 주중에

01

01 고전, 예술영화를 주로 상영하는
영화관 르 데스페라도.
영화관 입구의 흑백 배우 사진이
어떤 영화를 상영하는지 짐작케 한다.

02 생제르맹 지역의 mk2는
옛 건물의 저층을 영화관으로 사용하는데,
19세기 석조 건물에 어울리는 차분하고
세련된 간판을 사용해 고풍스런 도시에
자연스럽게 어울린다.

03 명작으로 꼽히는 고전, 예술영화를 주로
상영하는 카르티에 라탱의 라 필모테크
(La Filmothèque) 영화관.
작은 상영관 한두 개로 구성된
동네 영화관에는 매표소가 따로 없어
주말이면 줄이 밖으로 길게 늘어선다.

02

03

만 보는 카드는 좀 더 싸지만 아무래도 영화는 주말에 볼 일이 더 많다. 그리고 이 카드는 친구 한 명까지 같이 영화를 볼 수 있어 상당히 유용하다.

상영관에 들어가 자리에 앉자 곧 영화가 시작한다. 태초에 세상을 창조한 신은 브뤼셀을 만들었다. 텅 빈 콘크리트 빌딩으로 가득한 도시에 기린도 넣어보고 사자도 넣어보았으나 그들은 도시와 어울리지 않았다. 그래서 신은 인간을 창조했다. 인간이 도시를 만든 게 아니라 도시가 먼저 만들어지고 인간은 거기에 맞는 피조물로 만들어졌다는 내용이다.

이 영화의 마지막처럼 어느 날 도시가 리셋되어 하늘엔 구름 대신 꽃무늬 레이스가 흘러가고 중력이 약해져 건물 벽을 걸어 올라갈 수 있다면 우리 일상은 어떻게 달라질까? 우리가 사는 도시는 신의 클릭 한 번으로 결정되었을지도 모른다. 내가 그 컴퓨터의 세팅을 고를 수 있다면 어떤 도시를 만들까? 마인크래프트와 심시티를 섞어놓은 이 같은 발상은 창조론에 정면으로 도전했던 다윈의 진화론보다는 훨씬 덜 불경스런 도시에 대한 시선일 것이다.

지우

대한극장

작년 출장을 갔다 우연히 전주국제영화제에 들른 이후 영화에 더욱 흥미가 생겼다. 그래서 요즘 주말이면 자주 영화관에 간다. 서울의 영화관은 거의 멀티플렉스라서 잘나가는 영화는 굳이 영화 시간을 확인하지 않고 가도 볼 수 있다. 두세 상영관에서 동시에 영화를 상영하기 때문이다. 하지만 일주일 만에 내리는 영화도 많아 관객이 많지 않을 것 같은 영화는 서둘러 보러 가야 한다.

오늘은 친구랑 대한극장에서 영화를 보기로 했다. 평소엔 메가박스나 CGV에 자주 가는데 대한극장처럼 딱 하나밖에 없는 영화관에 갈 땐 특별한 기분이 든다. 강북엔 이런 영화관이 몇 곳 있다. 복고풍 건물이랑 복닥복닥한 좁은 길과 노점이 잘 어울리는 서울극장도 그렇다. 그리고 자주 가진 않지만 씨네큐브나 필름포럼 같은 작은 예술영화 전용관도 일반 영화관과는 다른 느낌을 준다.

스마트폰으로 이미 예매를 해서 영화 시간에 딱 맞춰 가면 된다. 백화점에서 극장까지 걸어가자니 거리가 애매하다. 1킬로미터 남짓한 거리지만 주말 명동을 걸어갈 엄두가 안 나 지하철을 탔다. 충무로역에 내리니 이젠 지하철역에만 와도 충분히 문화생활을 즐길 수 있겠다는 생각이 든다. 영화를 만드는 사람을 위한 창작지원실도 만들어져 있고, 누구나 이용 가능한 극장과 아카이브도 있어 관련 자료를 찾아보거나 영화도 볼 수 있다. 세계 어느 도시의 지하철역이 이렇게 영

영화관 *cinéma*

화에 대한 사랑을 보여줄 수 있을까? 지하철역 자체가 세트장처럼 꾸며져 좀 더 드라마틱하면 좋겠지만 그건 너무 앞서간 바람이겠지.

도시는 여러 무늬와 색깔이 섞인 만화경 같아 시선에 따라 다른 모습을 나타낸다. 영화를 보러 가는 내게 충무로는 영화의 거리로 느껴지지만 신춘문예에 지원하는 작가들에겐 인쇄와 출판의 거리로 와 닿을 것 같다. 이 역을 스쳐 갈 때마다 자신의 책이 이곳에서 5쇄, 10쇄 찍힐 날을 꿈꾸지 않을까?

지하철 1번 출구로 올라오면 대한극장이다. 지하철역과도 연결되어 있다. 멀티플렉스가 등장하기 이전 대한극장은 우리나라에서 가장 큰 극장이었다고 한다. 지금은 상영관이 11개나 있는데 예전엔 이곳에 상영관이 딱 하나인 영화관이 자리 잡고 있었다니 상영관의 규모가 어마어마했을 것 같다. 가히 영화의 거리인 충무로를 상징할 만한 규모이다.

로비에 들어서 발권기에서 표를 뽑았다. 전화번호만 있으면 발급 가능해 복잡한 예매 번호는 몰라도 괜찮다. 대한극장은 건물 전체가 영화관이다 보니 건물 구석구석이 영화관 분위기로 가득하다. 로비와 각 층을 연결하는 파란 네온 조명과 에스컬레이터는 초현실적 공간에 들어온 느낌을 주고, 전설적인 영화배우들 사진으로 꾸민 홀과 대기 공간은 영화가 시작되기 전부터 나를 영화 속으로 끌어당긴다. 커다

01   02

03

01, 02 충무로역의 영상 센터
'오! 재미동'은 극장, 갤러리, 아카이브,
창작지원실 등으로 이뤄져 영화에
관련된 다양한 경험이 가능하다.

03 대한극장의 로비. 사이버 세상만큼
현란하고, 영화처럼 드라마틱하다.

04 영화관 회원이면 사용할 수 있는
오렌지 라운지.
음료를 시키지 않아도 영화를
기다리는 동안 이용할 수 있어
더욱 매력적인 공간이다.

04

란 쇼핑센터에 두어층 끼어 있는 영화관과는 역시 느낌이 다르다.

　오늘 볼 영화는 '성실한 나라의 앨리스'다. 총 제작비가 3억 원인 저예산 영화라 한다. 상당히 평이 좋던데 과연 생계 밀착형 코믹 잔혹극은 어떤 내용일까? 영화 선택은 나름 공이 들어가고 고민되는 일이다. 영화나 한 편 볼까 하고 쉽게 말하지만 매주 쏟아져 나오는 그 많은 영화 중 무얼 볼지 고르는 건 쉽지 않다. 청소년 관람 불가인 걸로 봐서 잔인한 장면들이 꽤나 나오나 보다. 20분쯤 시간이 남아 오렌지 라운지에 들렀다. 오렌지 라운지는 내가 대한극장에 오는 또 다른 이유 중 하나다. 이곳에선 굳이 음료를 시키지 않아도 세련되고 품위 있는 공간에서 영화를 기다릴 수 있기 때문이다.

　드디어 영화가 시작된다. 영화 내용은 '여공으로 사느냐, 엘리트로 사느냐'의 중요한 갈림길에서 엘리트로 사는 길을 선택한 수남의 이야기이다. 귀엽고 순진하고 무엇보다 너무나 성실하게 일하는 수남이지만 여기저기 피가 튀는 장면은 잔혹하다. 참 묘한 대조다. 잔혹 동화라고나 할까? 습관적으로 산 팝콘인데 어째 입에 들어가지 않는다.

　'성실한 나라의 앨리스'에서는 재개발 이야기가 주인공의 안타까운 현실과 묘하게 맞물려 내용을 끌어간다. 집만 있으면 행복할 수 있다 믿었던 남편. 그런 남편이 불의의 사고를 당하자 그를 행복하게 해주기 위해 여주인공은 집을 사기로 마음을 먹는다. 투 잡, 스리 잡으로 아무리 일해도 집값은 오르고, 수남은 엄청난 빚을 얻어 집을 사지만 남편은 식물인간이 된다. 이처럼 힘든 상황 속에서 잔뜩 대출을 얻어 산 달동네 집에 재개발이라는 호재가 찾아오는데….

영화 주인공의 안쓰러운 처지, 피해자와 가해자가 섞이고 뒤바뀌는 상황. 그 뒤엔 교육, 직업, 빈곤이 대물림되는 공고한 사회가 집이란 매개체와 도시를 배경으로 펼쳐진다. 설마 우리나라 재개발이 다 저런 방식으로 추진되기야 하겠어? 그렇다고 다른 나라의 이야기도 아닌 것 같다.

가벼운 동화로 포장된 잔인하고 안타까운 영화지만, 영화 속 달동네 수남의 집에서 바라본 도시는 그래도 아름답고 따뜻했다. 둘이 신혼여행을 떠나는 마지막 장면이 해피엔딩으로 이어졌으면 좋겠다는 생각을 하면서 극장을 나온다. 멀어져가는 그들의 마지막 뒷모습이 오랫동안 비춰지던 그 길을 따라가면 과연 그들이 행복해질 수 있는 또 다른 도시가 나올까?

06

cinéma

영화관

영화관이라 쓰고
극장이라 읽는 이유

극장 ≠ 영화관

'우리 주말에 영화 보러 극장에 갈까?'라고 흔히 얘기하지만 사실 극장과 영화관은 매우 다르다. 극장은 야외에서 시작된 곳이고 영화는 어두운 실내에서 시작되었다. 고대 그리스 시대 원형극장처럼 극장은 다양한 공연 예술을 관람하는 장소이다.

로마 시대까지 극장은 주로 모든 계층이 함께 모여 공연을 관람할 수 있는 대규모 기반 시설로 야외에 만들어져 시민에게 즐거움을 선사했다. 그러나 근대도시로 발전하면서 야외극장은 대부분 사라지고 실내에서 공연을 관람할 수 있는 공간이 도시에 조성되기 시작했다. 오페라 극장 같은 실내 공연 극장이 야외 원형극장을 대체하자 공연 예술을 관람할 수 있는 사람은 상류층으로 국한되고 관람객 숫자도 줄었다. 그리고 공연 예술은 점차 고급문화의 성격을 띠게 된다.[1]

반면 영화는 대중적인 성격을 지니는데 이는 영화가 상영된 장소에서도 잘 나타난다. 뤼미에르 형제가 1895년에 만든 작품 이름은 '리옹의 뤼미에르 공장에서의 퇴근La Sortie de l'usine Lumière à Lyon'인데, 이

아테네 아크로폴리스 원형극장.
극장은 흔히 머릿속에
떠오르는 것처럼 어두운
실내가 아닌 환한 야외에서 볼거리를
즐길 수 있는 공간으로 시작되었다.

최초의 영화는 영화 제목과 유사한 리옹의 한 창고에서 상영됐다. 이후 두 형제는 자신들이 발명한 시네마토그라프로 촬영한 '기차의 도착'을 포함한 열 개의 짧은 필름을 1895년 12월 28일 대중에게 처음으로 입장료를 받고 상영했다. 이 영화들은 파리 그랑 카페의 인디언 살롱(Salon indien du Grand Café)에서 상영됐는데, 첫날 두 형제가 거둔 수입은 33프랑이었던 반면 3주 후에는 하루 수입이 2000프랑에 달해 영화가 소개되자마자 얼마나 큰 인기를 얻었는지 알 수 있다.[2]

1920년대에 들어 영화의 상업화가 시작됐고 이에 맞춰 본격적인 상영 공간이 만들어졌다. 영화는 영미권에서는 무비, 필름(movie, film)으로 불리고, 프랑스와 이태리에선 시네마(cinéma, cinema)로 불리는데, 시네마는 움직임을 의미하는 고대 그리스어 키네마(κίνημα, kínēma)에서 유래했다. 그리고 프랑스에서 시네마는 영화와 영화를 보는 공간을 동시에 지칭한다.

영화가 다른 공연 예술과 다른 점은 무한 복제가 가능하다는 것이다. 영사기를 설치하기만 하면 새벽부터 한밤중까지 무한정 상영이 가

서커스는 19세기 도시에서 서민들이 즐길 수 있는 몇 안 되는 볼거리 중 하나였다.
Fernand Pelez, 〈Grimaces et Misères, Les Saltimbanques 찌푸린 표정과 비참함. 곡예사들〉, 1888, 프티 팔레 소장

능하다. 그리고 무대 공간이나 무대 장치도 필요 없고, 좁은 공간은 좁은 대로 넓은 공간은 넓은 대로 상영이 가능하기 때문에 비용도 저렴하다. 영화가 등장하기 전에도 서커스나 인형극 같은 볼거리가 있었지만, 일 년에 한두 번 극단이 들를 때나 볼 수 있었다. 그러나 영화가 소개되고 영화관이 도시에 마련되자 비로소 서민들 사이에서 영화 관람 문화가 확산되었다.

영화관과 일상생활의 변화

20세기 초 영화관이 도시에 들어서자 서민들은 저렴한 가격에 이용할 수 있는 새로운 실내 위락 시설을 갖게 됐다. 물론 18세기 후반부터 박물관, 미술관, 식물관 같은 시설이 유럽 도시 곳곳에 조성됐지만 이들은 교육적 성격이 강했다. 하지만 영화관은 상업적 성격의 사유 위락 시설로 수익을 거두기 위해 도시에 등장했다.

서울과 파리에 영화관이 등장한 시기는 매우 비슷하다. 서울에는

영화관 *cinéma*

1907년 단성사가 개관했고, 파리에선 1911년 고몽 영화관이 관객을 맞이하였다. 영화관이 우리나라에서 먼저 세워졌다는 사실은 조금 놀랍기도 하다. 단성사는 목조 2층 건물로 종로 3가에 세워졌는데, 1934년 벽돌과 철근 콘크리트 건물로 새로 지어져 최근까지 그 모습을 유지했다.[3] 한편 고몽은 1900년 파리 만국박람회 경기장으로 만들어진 건물에 좌석을 설치하여 파리 최초의 영화관으로 탄생하게 된다.

영화관이 생기자 도시 노동자들은 큰 부담 없이 여가를 즐길 수 있게 되었고, 특히 젊은 남녀의 교제가 매우 활발해졌다. 19세기 유럽에서 남녀는 서로를 집에 초대하여 가족의 시선 아래 교제하는 것이 일반적이었는데, 살롱이 갖춰지지 않은 노동자의 집에서는 연인을 초대해도 함께 머물 공간이 마땅치 않았다. 그런데 영화관이 나타났으니 젊은 남녀 사이에서 큰 인기를 끄는 게 당연했다. 어두운 영화관이 연애 공간으로 사용된 것은 우리나라에서도 마찬가지였다. 우리나라 1920, 1930년대 영화관 풍경을 묘사한 자료를 보면 어두운 환경에서 모르는 젊은 남녀가 접촉을 즐긴다고 적혀 있다. 이러한 우려 때문인지 영화관에 부인석이 따로 설치되고 남녀석 구분이 생겼다.[4]

오페라 가르니에 옆에 위치한
파리 고몽 극장.
오스만 시대 건물을
영화관으로 사용하고 있다.

1920년대 8개 정도였던 경성의 영화관은 1930년대 17개 관으로 증가하면서 영화관 수준에 따라 등급이 세분화됐다. 일본인 밀집 지역인 남촌에 위치한 영화 전용관에서는 1인석을 설치하고 영화 상영 중 잡담, 흡연, 출입이 금지되어 영화에만 몰입할 수 있는 환경이 제공되었다. 반면 등급이 낮은 영화관에서는 수용 인원수를 초과해 사람을 들이는 일이 빈번했고, 밖에 나가지 않고도 영화 상영 중 상인에게 음식물을 사서 먹을 수 있었고, 큰 소리로 이야기하거나 박수를 치고 춤을 추는 이도 있었다고 한다.

영화관에서 코를 골고 자는 사람 때문에 영화를 보기 어렵다는 북촌 영화관(일본인 영화관은 남촌에, 한국인 영화관은 주로 북촌에 자리했음)에 대한 기록이 남아 있어 당시 영화관은 영화 감상뿐 아니라 시간을 보내기 위한 장소로도 이용되었음을 알 수 있다. 또한 당시 신문 기사는 영화 마니아와 친목을 위해 영화관을 찾는 사람, 심심풀이로 가는 사람들을 구분하고 있어, 영화관은 오늘날처럼 킬링 타임용 장소로도 사랑받았음을 알 수 있다. 오늘날 도시의 중요한 기능인 '위락'을 남는 시간을 보다 즐겁게 때우는 것이라 정의한다면 도시에서 위락 기능이 본격적으로 도입된 것은 영화관이 발달하기 시작한 1920년대 이후부터라고 말할 수 있다.[5]

영화관이 담고 있는 극장의 기억

요즘은 어느 곳에나 CGV나 메가박스가 있어 지역 구분이 흐려지긴 했지만 얼마 전까지 영화를 보려면 충무로에, 연극을 보려면 대학로에 갔다. 우리나라에서 영화관은 도시 구석구석에 퍼져 있지만 극장은 젊은이들을 중심으로 문화가 발달한 지역에 소극장 형태로 모여 있거나 국립극장처럼 규모가 큰 문화 기반 시설로 존재한다.

이처럼 성격이 엄연히 다른데도 영화를 보러 극장에 간다고 말하는 이유는 무엇일까? 이는 초기의 영화관이 무대 극장의 성격을 지녔기 때문이다. 우리나라에서 극장은 20세기 초반 서양 문화의 영향으로 공연을 관람하기 위해 도입되었다. 우리나라 최초의 극장은 협률사인데, 고종 황제의 즉위 40주년 기념 행사를 위해 1902년 대한제국 관청인 봉상사 내부에 만들어졌다.

이후 극장은 1907년 광무대, 연흥사, 1908년 원각사, 장안사 등으로 확산되면서 우리나라에도 서양식 공연 문화가 자리를 잡게 된다.

파리 샤틀레 극장(Théâtre du Châtelet).
극장과 영화관은 다르다. 극장은 도시의 문화적 기반 시설로 근대에 들어 서양 도시에서 유행처럼 건립되기 시작했고, 영화관은 상업적 이익을 얻기 위해 20세기 초반부터 도시에 등장했다.

루이 14세에 의해 1680년 설립된 프랑스 국립극장 코메디 프랑세즈(Comédie-Française)는 1799년부터 이곳으로 이전해 오늘날까지 자리를 지키고 있다.

이 시기에 마련된 극장에서는 판소리, 인형극과 같은 공연이 진행되었다. 서양식 공연 공간이 들어서자 판소리나 마당극 형태로 야외에서 행해지던 우리나라 공연 문화는 서양 극문화를 닮아가며 창극 위주로 바뀌었다. 그리고 서양식 극문화의 영향으로 관객과 배우가 섞이던 우리나라 전통 공연의 구조는 관객과 배우가 명확히 구분되는 모습으로 변하게 된다.[6]

한편 초기에 상영된 영화를 보면 오늘날 우리가 알고 있는 영화라기보다는 공연에 좀 더 가깝다. 1920년대 영화관의 풍경을 묘사한 기록을 보면 영화 내용을 해설하고 영화 속 인물의 대사를 전달하는 변사의 역할이 상당히 중요했다고 전한다. 당시에는 무성영화가 상영되어서 영화 중간 7~8인으로 구성된 오케스트라가 음악을 연주하거나, 가수가 등장해 대사에 맞춰 노래를 부르기도 했다. 공연 문화의 성격이 매우 강했던 초기 영화의 특성 때문에 영화관과 극장은 구분 없이 사용되었다.

1930년대에 들어 유성영화가 상영되었지만 북촌 영화관의 관객들은 여전히 변사가 있는 영화를 선호하기도 했고, 변사가 없는 유성영화를 관람한 이들 중에는 자막을 읽지 못해 영화 내용을 이해하지 못하는 경우도 발생했다. 그로 인해 영화에 소리가 덧입혀진 이후에도 변사의 역할과 공연에 가까운 성격은 상당 기간 지속됐다.

오늘날 도시에서 극장과 영화관은 엄연히 다른 기능을 하지만 아직도 극장이라는 이름이 두 장소를 통칭하는 것을 보면 공간의 기원은 우리의 기억보다 어휘 속에 훨씬 깊이 남아 있는 듯하다.

메가, 멀티,
그리고 인디

대한극장에서 시네코아까지

세계 최대 규모, 세계 최고 높이, 또는 아시아 최고라는 표현으로 시설의 수준과 국가의 능력을 압축해서 표현하던 때가 있었다. 영화관을 광고할 때도 초대형 스크린과 돌비 사운드란 표현을 사용해 더 생생하고 장대하게 영화를 보여줄 수 있다는 점을 영화관의 가장 큰 덕목으로 내세웠었다.

1962년 대한극장은 '벤허'를 7개월간 상영하며 서울 인구의 4분의 1에 달하는 관람객 기록을 세웠는데, 당시 상영관은 70밀리미터 영화를 원형 그대로 상영할 수 있도록 가로 24미터, 세로 19.5미터의 대형 스크린과 1,900석의 좌석을 구비하고 있었다. 당시 단일 상영관으로 영화관이 운영될 때는 대작이나 인기 영화가 시작하기 전에 도로까지 줄을 섰다. 암표 장사도 꽤 있었는데 모처럼 여자 친구랑 영화를 보러 왔으니 두세 배를 주고 암표를 사기도 하고, 휴대전화가 없던 시절이라 인파 속을 두리번거리며 상대를 찾아 헤매곤 했다. 이 시대를 대표하던 영화관은 주로 1950년대 지어졌는데 대한극장은 1955년에, 명보극장과 국제극장은 1957년에, 이후 피카디리극장으로 이름을 변경한 반도극장은 1960년에 지어졌다.[7]

조선 영화관으로 일제강점기를 꿋꿋하게 버텨낸 단성사는 2000년대 후반 현대적인 건축물로 재탄생했지만 현재는 쇼핑센터로 쓰이고 있다.

그러다 어느 순간 복합 상영관이란 단어가 귀에 들려왔다. 거대한 스크린과 1,000석이 넘는 극장과는 다른 중·소규모의 상영관이 종로와 신촌을 중심으로 생기기 시작했다. 시네코아, 다모아 극장과 같은 영화관이 생기면서 작품성은 높지만 관객층이 한정된 영화를 비로소 영화관에서 볼 수 있게 되었다. 이러한 변화는 1981년 공연법의 개정으로 나타난 결과이다. 당시 공연법에 따라 객석 300석 이내 공연장(영화관은 공연법에 의해 공연장으로 구분된다)과 객석 바닥 면적이 300제곱미터 이하인 공연장은 설치 허가 대상에서 제외되자, 그 규모를 넘지 않는 소규모 영화관들이 생기기 시작하면서 하나의 영화관 안에 작은 상영관을 여럿 지닌 복합 상영관의 형태가 유행하기 시작했다.[8] 관객들이 다양한 영화를 접할 수 있도록 하기 위한 순수한 의도에서 시작된 것은 아니었지만, 결과적으로 소위 예술영화라 불리는 작품들을 영화관에서 접할 수 있는 환경이 마련됐다.

멀티플렉스의 독주와 인디 영화관

소규모 영화의 인기로 영화의 전성기를 맞던 1990년대 초반이 지나면서 다시 영화관 수는 급격하게 감소하다 1997년 발생한 경제 위기가 지나갈 무렵 새로운 형태의 영화관이 등장했다.* 멀티플렉스는 여러 개의 스크린에서 다양한 영화를 상영하고 음식점, 오락 시설 등을 관객에게 제공하여 여가, 문화, 서비스 시설의 복합적인 성격을 지니는데 주로 대기업에 의해 운영된다. 우리나라의 멀티플렉스는 1998년 CGV 강변 11을 시작으로 놀라울 정도로 짧은 시간 안에 우리나라 극장가를 지배했다.

물론 멀티플렉스는 전 세계적인 추세지만 우리나라에서 멀티플렉스의 지배력은 엄청나게 크다. 영화진흥위원회에서 발표한 2015년 전국 영화관 및 멀티플렉스 현황 자료를 보면 전국의 영화관 388개 중 81.7퍼센트(317개)와 서울에 있는 영화관 81개 중 77.8퍼센트(63개)가 멀티플렉스이다. 그리고 스크린 수를 기준으로 하면 그 비율은 더 높아져 전국 스크린 수의 94.6퍼센트와 서울 스크린 수의 95.3퍼센트가 멀티플렉스이다. 이쯤이면 거의 모든 사람들이 멀티플렉스에서 영화를 본다고 할 수 있다.‡

우리나라의 초기 멀티플렉스 시장은 지금보다는 다양했다. 2000년대 초반에는 강우석 감독이 이끄는 중소 멀티플렉스 프리머스가 좋은 실적을 거둬 영화 전문 기업이 멀티플렉스 시장에서 성공하는 듯했고,

• 언뜻 생각하면 경제적으로 여유가 생긴 2000년대 이후의 영화관 수가 예전보다 훨씬 많을 것 같지만 실제로는 그렇지 않다. 영화관 수는 1961년 302개에서 계속 증가해서 1971년에는 717개로 10년간 약 2.4배가 늘어났다가 이를 기점으로 감소하기 시작해 1982년에는 404개로 줄어들게 된다. 이처럼 1970년대에 영화관 수가 급감한 배경에는 가정에 보급된 텔레비전이 있다. 이후 1983년부터는 앞에서 언급한 바와 같이 소규모 영화관이 여럿 생기면서 영화관 수가 다시 증가하기 시작한다. 이처럼 증가한 영화관은 1990년에 789개로 정점을 찍는다. 그러나 이 수치는 영화관 내에 소극장 544개가 포함된 것으로 실제 영화관의 수치는 훨씬 적어 소극장의 수를 빼면 그 수는 245개로 줄어든 것이다.

시너스나 메가라인 등의 멀티플렉스가 있어 선택의 폭이 넓었다. 그러나 2011년 시너스가 메가박스에 합병되고, 2016년 1월 프리머스 목포관이 마지막으로 문을 닫으면서, 1세대 중·소규모 멀티플렉스는 사라졌고 CGV, 롯데시네마, 메가박스로 불리는 대기업형 멀티플렉스 세 곳이 오늘날 우리 도시의 영화관을 지배하고 있다.[9]

소수의 멀티플렉스만 남게 되자 영화를 제작하는 사람에게도 그리고 관객에게도 문제가 발생했다. 멀티플렉스들이 흥행 영화 위주로 상영하면서 작품성과 관계없이 대중성이 떨어지는 영화들은 관객을 만날 기회를 잡지 못했고, 관객들도 다양한 영화를 접하기 힘들어졌다. 문제를 해결하기 위해 일정 규모 이상의 영화관에 스크린쿼터제를 도입했으나 멀티플렉스에서는 저예산 영화, 예술영화, 독립영화를 주로 평일 오전이나 밤 12시 40분 같은 시간대에 상영하면서 결국 독자적인 상영 공간을 마련해야 한다는 결론에 다다랐다. 그래서 도시에 인디 영화관, 독립 영화관, 예술 영화관이 다시 나타났다.

하지만 그 숫자는 그리 많지 않아서 2014년을 기준으로 영화진흥위원회의 지원을 받는 영화관은 25개 정도이고, CGV나 롯데시네마에서 자체적으로 운영하는 무비꼴라쥬, 아르떼, 그 외 독립 영화관을 다 합치면 약 60개 정도가 된다. 이는 2014년 우리나라 전체 스크린 수(2,281개)의 2.63퍼센트에 해당하는 매우 낮은 비율이다. 다양한 영화를 만날 수 있는 상영 환경이 이렇게 열악하다 보니 영화진흥위원회에서는 지자체 도서관 등을 활용해 지역 주민이 다양한 독립영화나 저예

---

‡ 영화진흥위원회가 발표한 자료에서 3대 멀티플렉스와 7개 이상 스크린을 지닌 극장을 멀티플렉스로 구분하고 있어, 일반적으로 5개 관 이상이면 멀티플렉스로 구분하는 방식보다 기준이 높다.

01 멀티플렉스이지만 대기업
계열사가 아닌 서울극장.
서울아트시네마도 함께 운영한다.
기존 극장의 고유한 모습을 잘 간직하여
종로의 좁고 복잡한 가로와 잘 어울린다.

01

02

03

02 서울극장 앞 풍경.
종로가 영화의 거리였던 시절을 떠올리게 한다.

03 아트나인에서는 카페처럼 세련되고
편안한 분위기에서 영화를 기다릴 수 있다.

영화관 *cinéma*

산 영화를 만날 수 있도록 지원하고 있다.

멀티플렉스 위주로 재편된 우리나라 영화관 상황을 보면 최근 페이스북에서 뜨거웠던 프란치스코 교황과 맨큐(N. Gregory Mankiw)의 '낙수효과(Trickle down effect)'에 대한 논쟁이 떠오른다. 교황은 2015년 볼리비아를 방문한 자리에서 자유주의자들이 주장하는 낙수효과는 희한하게도 "제일 윗 잔의 물이 차는 순간 마법과 같이 그 잔이 더 커져 가난한 사람에게는 아무것도 가지 않는다"라고 말하면서 "시장에 대한 마법과 같은 개념(magical conception of the market)"을 경계해야 한다고 이야기했다.[10] 다른 분야에서는 몰라도 멀티플렉스가 지배한 영화관에서 설 자리를 찾지 못한 예술영화, 독립영화의 상영 환경을 보면 불행히도 하버드의 스타 경제학 교수보다는 교황의 주장이 일리 있다고 느껴진다.

하지만 예술 영화관인 아트나인, 아트하우스 모모 등에 가면 대형 멀티플렉스와는 매우 다른 문화적 분위기를 만끽할 수 있다. 카페처럼 세련된 공간에서 영화가 시작할 때까지 기다릴 수 있고, 영화 상영 전 지겹게 반복되는 광고는 만날 일이 없다. 열 개가 넘는 상영관에서 쉴 새 없이 영화가 돌아가는 대규모 시설에서는 찾기 힘든 안락함과 차분함이 있다. 아이돌 그룹 일색인 케이팝 시장에서 홍대 앞을 중심으로 인디밴드의 음악이 꾸준히 만들어지고 사랑받는 것처럼, 몇 안 되는 독립 영화관, 예술 영화관, 동네 영화관은 도시 속 오아시스로 자리 잡고 있다.

비디오방과
전관 대여 영화관

퇴폐의 온상에서 합법화까지

영화는 가장 손쉽게 접할 수 있는 대중문화 매체이다. 인구 5000만 남짓한 우리나라에서 가끔 1000만 관객 영화가 나오는 걸 보면 한국인의 영화 사랑이 얼마나 대단한지 알 수 있다. 영화를 향한 이처럼 큰 사랑 덕분인지 또는 골라 먹는 재미를 찾는 소비자의 니즈를 파악한 시장의 번뜩이는 안목 덕분인지 우리 도시에서 영화를 보는 공간은 영화관에 국한되지 않는다. 비디오와 영화관은 언뜻 생각하면 친구나 동지 같지만 상업 측면에서 보면 반드시 그렇지만은 않다. 비디오 가게가 인기를 끌기 시작하자 1980년대 전성기를 누리던 동네 동시 상영관은 하나둘 쇠퇴하기 시작했고, 극장이 줄어들면서 극장 간판을 그리는 직업도 서서히 사라졌다. 생각보다 도시는 매우 복합적인 유기체여서 새로운 기술이 자리를 잡거나 힘을 잃으면 여파는 먹이사슬처럼 퍼져나간다.

비디오 데크가 가정에 보급되자 일차적으로 영화 산업 구조에 큰 변화가 일어났다. 영화 배급사는 비디오 판권이라는 새로운 시장을 갖게 됐고 동네마다 비디오 대여점이 여기저기 생기면서 영화관이 감소했지만, 아직까지 영화를 보는 새로운 공간을 도시 속에 탄생시키지는 못했다. 그러나 초기에 단순히 비디오테이프를 대여하던 가게들이 작은 방을 만들어 비디오를 빌려주고 감상할 수 있는 공간을 제공하면서 비디오방이라는 새로운 업종이 탄생했다.

1993년부터 비디오방이 대학가를 중심으로 급격히 확산되자 이 공간을 합법화하여 제대로 된 시설로 유도할 것인지 폐쇄할 것인지를 두고 논란이 뜨거워졌다. 당시 1~2평 남짓한 방은 젊은이들의 탈선 장소라는 비난과 우려가 커졌고, 또한 법적으로 비디오 영상물에 대한 공연법 및 저작권법에 위배될 소지가 있었다. 비디오방을 폐쇄해야 한다는 목소리에 힘이 실리면서 '건전한 사회 기강 확립 대책 위원회'에 의해 비디오방 등록 취소 소송이 진행되었다.[11] 하지만 비디오방을 이용하는 사람들이 점점 늘어나자 몇 년간의 논의를 거쳐 비디오방은 합법적인 영화 감상 공간으로 도시에 자리 잡았다.

당시 기사를 보면 비디오방의 급부상과 이에 대한 논란, 그리고 합법적 공간으로 인정받기까지의 과정이 잘 나타나 있다. 1993년 매일경제신문은 "불황이 장기화됨에도 불구하고 비디오방은 신세대 겨냥 데이트 산업의 장소로 각광받고 있다"고 보도했고,[12] 바로 다음 해인 1994년에는 "400여 개인 비디오방의 규제 근거 마련을 위해 '음반 및 비디오물 법안'에서 비디오 극장업을 하나의 업종으로 인정하고자 하는 안에 대한 논란이 일어난다"는 기사가 경향신문에서 발표됐다.[13]

1996년에는 비디오방이 합법적인 시설로 인정받고 관련 기준이 마련되었다. 같은 해 6월 경향신문 기사는 "관련 시설은 영업장의 바닥 면적이 50제곱미터 이상, 시청실 벽 높이 1.3미터 이상, 45도 이상 기울어진 의자나 침대 비치 금지, 잠금장치 금지, 조도 72럭스 이상이어야 한다. 또한 주류 및 음식 판매가 금지되고, 영업 시간은 밤 12까지로 정해졌다"라는 내용을 담고 있어, 비디오방이 퇴폐화되거나 다른 성격으로 변질되지 않도록 하려는 고민이 있었음을 알 수 있다.[14]

하지만 1990년대 중·후반 빠른 속도로 확산되던 비디오방은 저장 매체와 인터넷의 발달과 함께 DVD방으로 바뀌었다. 불법이냐 양성화냐란 논의가 언제 있었냐는 듯 DVD 감상실, DVD 카페 같은 세련된 이름을 사용하면서 도시 곳곳에 자리 잡았다. DVD방 숫자가 늘어나자 타 시설과 차별화하기 위해 예전의 어둡고 퇴폐적이었던 분위기는 사라지고 고급스러운 영화 감상 공간으로 꾸며지기도 했다.

한때 영화관이 그랬던 것처럼 이젠 DVD 감상실도 일반 DVD방과는 차별화되는 대형 스크린과 고급 음향 시설을 갖추고 '전관 대여 영화관'이란 명칭을 사용하기도 한다. 요즘처럼 누구라도 손쉽게 집에서 최신 영화를 볼 수 있는 환경에서 고객을 움직이게 하려면 집과는 다른 무언가를 제공해야 한다. 그래서 최근 DVD 감상실에서는 다양한 간식을 제공하고, 고급 좌석과 음향 시스템을 갖춰 과거 비디오방에서는 상상도 못 할 환경을 제공한다.

덕분에 우리는 영화 상영 시간이나 상영작에 구애받지 않고 다양한 영화를 원하는 시간에 감상할 수 있다. 마음 맞는 친구 몇 명이 모여 편안하게 영화를 볼 수 있는 장점을 제공하는 소위 전관 대여 영화관

젊은 유동 인구가 많은 거리의
건물 3, 4층에는 어김없이
DVD방이 눈에 띈다.

은 미리 예약을 하지 않으면 이용하기 어려울 정도로 인기가 높다. 파리에선 좀처럼 만날 수 없는 비디오방, DVD방은 우리 도시만의 색깔을 부여하는 공간이다. 물론 이웃 나라 일본에도 유사한 공간이 있으니 독자적이라 말하긴 어렵지만, 우리 나라의 탁월한 IT 환경과 독특한 여가 문화가 만들어낸 공간이다. 개인마다 영화 취향이 다양한 것처럼 도시 속 영화 감상 공간도 도시에 따라 다양한 모습을 보인다.

영화관에도 클래스가 존재한다

비디오방과 DVD방의 진화 또는 변신에서 나타난 것과 같은 고급화 및 차별화 전략은 영화관에서도 나타난다. 2000년대 초반 멀티플렉스가 일반화되자 그중 몇몇 영화관은 스위트박스, 골드클래스, 샤롯데관 같은 이름을 도입하여 일반 상영관과 다른 특별한 관람 환경을 제공했다. 물론 이름에는 특징이 반영되어 있다.

우선 이름 그대로 연인이 함께 꼭 붙어 달콤하게 영화를 볼 수 있게 한 스위트박스는 일반 상영관에 두 좌석이 함께 붙어 있는 의자가 배치된 것이다. 또한 비행기 일등석과 비슷한 콘셉트의 골드클래스는 상영관에 좌석이 많지 않아 한적한 분위기에서 영화를 즐길 수 있고, 음료와 담요 등이 제공된다. 고급스런 서비스와 넓은 공간이 제공되는 만큼 가격도 비싸 좌석당 3만 원이 훌쩍 넘어간다. 그 외에도 호텔 레스토랑 출신 셰프가 준비한 식사를 즐기면서 영화를 볼 수 있는 상영관, 침대를 배치해 누워서 영화를 감상할 수 있는 상영관, 가족을 위한 별도 부스가 마련된 상영관 등 다양한 콘셉트를 상영관에 도입하고 있다.[15]

이처럼 고급스런 상영관은 여유가 있다면 전체를 빌려 혼자 영화를 감상할 수도 있고, 연인을 위한 프러포즈 이벤트도 진행이 가능하다.[16] 아이스링크에 이은 영화관 대관이라니 얼마나 감동스러울지 상상이 어렵지만, 이 정도 정성이라면 꽤 많은 여자들의 마음을 움직일 수 있을 것 같다. 상위 20퍼센트의 고객이 백화점 전체 매출의 80퍼센트를 차지한다는 8대 2 법칙은 영화관에도 적용되는지, 상위 소비 계층을 이끌기 위해 영화관은 끊임없이 변화를 꾀하고 있다.

영화를 매개로 한 공간은 도시 속에서 생각보다 복잡하게 변해왔다. 한때 '자전거 도둑'이라는 비디오 대여점의 노란색 간판이 동네 골목을 밝혔지만, 이젠 인터넷과 IPTV의 발달로 찾아보기 힘들어졌다. 물살과 바람을 거스르기 힘든 것처럼 영화관을 어려움에 빠트렸던 비디오 가게와 1990년대 젊은 시절을 보낸 대한민국 국민이라면 몇 번은 들러 봤을 비디오방은 시대의 뒤안길로 서서히 사라졌다. 그리고 새로운 문화와 소비의 욕구는 영화를 매개로 또 다른 공간을 만들어내고 있다.

4

파리는
영화의 도시다

영화 보기 좋은 도시

파리는 영화의 도시다. 칸에서 사랑받는 홍상수 감독이 파리에서 영화 공부를 하는 동안 주로 했던 일은 하루 종일 영화를 보는 것이었다고 한다. 파리가 영화의 도시로 불리는 이유는 무엇일까? 일단 정말 많은 영화의 무대로 파리가 등장한다. 최근엔 부다페스트나 프라하 같은 동유럽 도시가 영화 배경으로 자주 등장하긴 하지만, 얼마 전까지만 해도 파리는 영화의 배경으로 가장 많이 등장했었다. 내용상 파리와 아무 상관도 없을 것 같은 '본 아이덴티티'나 '쓰리데이즈 투 킬' 같은 액션물은 물론이고 로맨스물은 더더욱 그렇다.

하지만 파리에 머물러보면 영화를 관람하기에 좋은 도시라는 의미로 파리를 영화의 도시라고 말하고 싶어진다. 무엇보다 파리 구석구석에는 영화관이 많아 다양한 영화를 접할 수 있다. 파리의 영화관은 오래된 석조 건물 내에 있는 경우가 많다. 100년도 넘은 돌 건물에 어떻게 영화관이 들어갈까 싶은데, 실제로 들어가면 지하 2층까지 좁은 계단을 걸어 내려가야 하거나 100석도 안 될 정도로 규모가 작다. 그럼

(좌) 파리를 걷다 보면 구석구석에서 작은 영화관을 발견할 수 있다.
(우) UGC 고블랭의 지하 상영관. 천장에 두꺼운 보가 지나가서 스크린을 가릴 듯하다.
파리 영화관의 관람 환경은 보통 우리나라보다 쾌적하지 않다.

에도 파리는 영화의 도시이다. 그 이유는 무엇일까?

우선 다양한 영화를 볼 수 있다. 파리 시내를 거닐다 보면 시대를 지나 고전이 된 '라쇼몽'이나 '블레이드 러너', 주인공 벳 미들러를 일약 스타로 만든 '로즈'도 만날 수 있다. 특정 감독의 회고전도 시시때때로 진행되고 인도나 동구권, 아랍권의 영화도 여러 영화관에서 상영되어 다양한 관객의 취향과 호기심을 채워준다. 그 덕분인지 파리와 서울 시민의 영화 관람 횟수를 보면 파리 시민은 1년에 11.75회 영화를 관람해 서울 시민보다 약 두 배쯤 영화를 더 자주 본다. 파리의 모든 시민이 거의 매달 한 번씩 영화관에 간단 얘기다.

그렇다면 파리에는 서울보다 영화관이 얼마나 더 있을까? 서울은 파리보다 면적으로는 약 5.7배 크고 인구는 약 4.5배 많은데, 영화관은 파리보다 약 1.17배 많아 인구수 대비 영화관 수가 훨씬 적다. 파리에 영화관이 훨씬 많고 다양한 영화가 상영되니 물리적인 영화 감상 환경이 서울보다 나은 건 당연한 얘기 같다. 그런데 영화관 수보다 눈

영화관 *cinéma*

여겨볼 건 두 도시의 영화관 좌석당 인구수다. 파리의 좌석당 인구수는 29.9명인 반면 서울에서는 125.1명이 한 좌석을 이용한다. 즉 우리나라 영화관은 파리 영화관보다 한 좌석당 약 4.2배 많은 관객을 수용한다. 만일 식당이라면 파리의 식당은 파리가 날리거나 한산하고 서울의 식당은 늘 테이블이 꽉 찬다는 얘기로, 서울의 영화관은 파리보다 몇 배 많은 수익을 올린다는 것을 의미한다.

'예술과 실험' 영화관

파리의 영화관은 수익 창출 방안을 모르거나 비교적 수익이 낮은 작품을 상영한다는 얘기인데 어느 쪽에 더 가까울까? 그리고 만약 수익이 낮다면 어떻게 영화관이 운영될까? 이에 대한 해답은 '예술과 실험' 프로그램을 보면 잘 알 수 있다.

프랑스 정부는 1991년부터 다양한 영화가 상영될 수 있도록 예술과 실험(Arts et Essai, essai는 테스트, 실험, 습작 등을 의미) 영화관을 지정해 흥행성이 낮아도 문화적 가치가 높거나 다양한 영화적 시도를 하는 작품들이 상영될 수 있도록 했다. 이는 우리나라의 독립영화관, 예술 영화관과 비슷한 성

파리	구분	서울
105.40km²	면적	605.18km²
약 225만 명	인구	약 1,008만 명
87개	영화관 수	76개
404개	스크린 수	469개
75,263석	좌석 수	80,583석
4.64개	영화관당 스크린 수	6.17개
186.3석	스크린당 좌석 수	171.8석
29.9명	좌석당 인구 수	125.1명
2,625만 명	연간 총 관객 수	5,591만 명
11.75회	연간 평균 관람 횟수	5.89회

2014년 파리와 서울의 영화관 환경 비교
출처: 노철환, 「영화관 지원제도를 중심으로 본 프랑스의 영화예술 및 영화교육 프로그램」, 2016, p. 37

01

02

01 레 포베트(Les Fauvettes)에서는
복원된 옛 영화를 전문으로 상영한다.

02 고몽 오페라(Gaumont Opéra)에서는
프랑스 영화만을 상영한다.

격인데 그 숫자가 상당히 많다. 예술과 실험 영화관은 새로움을 모색
하는 작품이나 질은 매우 높지만 관객 수가 충분하지 않은 영화, 프랑
스에 잘 소개되지 않는 나라의 영화, 작품성이 높은 영화, 단편 영화
등을 상영하는 곳에 지정된다. 이 영화관은 주변 지역의 영화관 분포
현황, 도시의 규모 등을 고려해서 선정되는데, 젊은 관객(jeune public),
총람(répertoire), 연구와 발견(recherche et découverte)의 세 가지 성격
으로 구분해서 영화관에 라벨을 부여한다. 그리고 지정된 영화관은 등
급에 따라 관객당 1.5유로나 2.5유로의 지원금을 받는다. 이렇다 보니
파리의 영화관에서는 서울보다 몇 배 낮은 좌석 점유율에도 영화관의
수익이 보장되고 덕분에 다양한 영화가 상영될 수 있다.[17]

2012년 파리의 영화관은 84개, 스크린은 347개인데 그중 예술과 실험으로 지정된 영화관은 37개, 상영관 수는 95개이다. 그리고 총 12,494개 좌석이 예술과 실험 영화관에 해당된다.* 즉 영화관의 44퍼센트가 예술과 실험 영화관으로 지정되었고, 전체 스크린의 27퍼센트가 예술영화와 독립영화를 상영한다는 것이다. 예술과 실험은 영화관 전체가 지정되거나 상영관 일부만 지정될 수도 있다. 그리고 지정된 영화관들은 일반 멀티플렉스와는 다른 개성을 유지한다.

그리고 UGC 카드

파리의 오래된 건물이나 골목에 들어선 영화관마다 관객이 드는 데에는 또 다른 요인이 있다. 아무리 도시에 영화관이 많고 시민들이 영화를 좋아해도 매회 돈을 내면서 모든 영화를 다 보기는 어렵다. 그래서 프랑스에는 각 영화관마다 카드가 있다. 가장 대표적인 것이 UGC 카드인데, 다양한 종류의 카드가 있어 영화를 좋아하는 사람에겐 꽤 매력적인 아이템이다. 프랑스의 대표적인 영화관 UGC의 경우 영화 관람 가격은 14세 미만은 4.5유로로, 18세 미만은 7.5유로이고, 우리나라 조조에 해당하는 12시 이전 상영 영화는 7.2유로, 일반 티켓은 11.7유로이다. 하지만 일반 티켓을 사서 영화를 보는 사람은 드물다.

---

* 2012년 프랑스 문화부가 발표한 지자체별 문화시설 현황 자료에 따르면 프랑스의 멀티플렉스 영화관은 1993년 파테 그랑 시엘(Pathé Grand Ciel) 영화관에 의해 처음 도입되었다. 2014년을 기준으로 멀티플렉스 영화관은 전체 스크린 수의 39.3퍼센트, 좌석 수의 41.7퍼센트를 차지해 우리나라처럼 독점 현상을 나타내지 않는다.

UGC 5 카드(Carte UGC 5)를 사면 영화 다섯 편을 볼 수 있는데 평일에만 사용 가능한 카드는 한 편당 6.4유로로, 주말에도 사용 가능한 카드는 한 편당 8.3유로이다. 또 영화를 아주 좋아하는 사람에게 정말 매력적인 카드가 있는데 매달 21.9유로를 내면 한 명이 원하는 만큼 영화를 볼 수 있고, 36.8유로를 내면 두 명이 혜택을 누릴 수 있다. 이쯤 되면 영화의 천국이 아닐까? 무제한 카드는 1년 동안 약정을 해야 하지만 일 년에 262.8유로(약 34만 원)를 내고 프랑스와 벨기에의 영화관에서 아무 때나 영화를 볼 수 있다면 한 번쯤은 사볼 만하다. 게다가 26세 이하는 매달 17.9유로로 할인도 된다. UGC 카드는 예술과 실험 영화관에서도 사용할 수 있어 평일 오후에도 작은 영화관 앞에는 길게 늘어선 줄을 심심찮게 볼 수 있다.

다양한 영화를 볼 수 있는 물리적 환경, 작은 영화관이 운영될 수 있는 지원 프로그램, 그리고 관객이 부담 없이 영화를 볼 수 있는 할인 제도. 이쯤이면 파리는 영화의 도시가 되기 위한 삼박자를 고루 갖췄다 할 수 있다. 서점을 살펴볼 때도 그랬지만 프랑스에서 신기한 것은 거대한 나무 주변에 작은 나무들이 그들대로 잘 자라고 있다는 것이다. 토양이 다른 것일까? 좋은 비료를 주는 것일까?

01 영화관에 게시된 UGC 무제한 카드 광고.

02, 03 '예술과 실험'으로 지정된 샹포(Le Champo) 영화관.
평일 낮에도 영화를 보기 위해 늘어선 긴 줄을 볼 수 있다.
이곳에서도 UGC 할인 카드로 영화를 볼 수 있다.

01

02   03

04   05

04 베르시 빌리지의 UGC.
파리에 흔치 않은 현대식 멀티플렉스이지만 우리나라와는 느낌이 다르다.

05 일반적으로 파리의 멀티플렉스는 그다지 거대하지 않다.

5

영화 속
도시의 미래

인터스텔라와 매드맥스의 교훈

영화는 도시에 대한 환상을 심어준다. 파리에서 알렉스가 불을 내뿜던 퐁뇌프 다리를 걸으면 우울한 낭만이 느껴질 것 같고, 로마의 스페인 광장에 들러 젤라토를 맛보면 내게도 오드리 헵번에게 그랬듯 아름다운 사랑이 찾아올 것 같다. 하지만 영화가 도시를 아름답고 낭만적으로만 그리는 건 아니다. 미래 도시는 인류가 생존을 위해 힘겹게 투쟁해야 하는 장이 될지도 모른다는 메시지를 전하기도 한다.

앞으로 어떤 모습의 도시에서 살게 될지 궁금해질 땐 영화 속에서 그 힌트를 얻을 수 있다. 영화는 허구이지만 많은 경우 정확한 현실에 기반하여 스토리를 만들기 때문이다. 영화 속 도시는 크게 두 가지로 나뉜다. 우선은 과학의 발전과 첨단 기술에 대한 낙관적 시선이 만들어낸 미래 도시다. 자동차는 공중에 떠다니고, 모든 것이 자동으로 통제되는 첨단 기술의 결정체. 이곳에선 사람이 살기에 최적인 환경이 자동으로 제공된다. 자동차 자동 주행 기능의 상용화가 가능하고, CCTV에 모든 개개인의 행동이 노출되는 요즘의 도시는 이미 미래 도시를 닮아가고 있다.

한편 찬란한 문명 발상지로서의 흔적은 어디론가 사라지고 폐허만
이 남은 미래 도시도 등장한다. 예전에는 핵으로 인한 3차 세계대전의
발발이나 외계인이나 기계 인간의 침략으로 도시가 폐허로 변한다는
시나리오가 많았지만, 언젠가부터 기후변화나 자연 재앙이 원인으로
바뀌었다. 혹한, 토네이도, 대홍수, 지진해일, 화산 폭발, 게다가 혜성
충돌 같은 재해들로 인해 거대한 잿더미와 콘크리트 잔해만 남은 곳으
로 묘사된다.

얼마 전 수많은 관객에게 놀라움과 감동을 선사한 크리스토퍼 놀란
감독의 '인터스텔라' 또한 기후변화로 자원이 고갈되고 황폐화된 도시
를 떠나 결국 토성 고리에 정착하는 미래를 그렸다.

과연 미래 도시는 어떤 모습일까? 사실 기후변화는 영화에서처럼
극적으로 나타나진 않지만 이미 우리 도시를 변화시키고 있다. 몰디브
로 휴가를 가긴 쉽지 않으니 몰디브가 머잖아 사라진다는 걱정은 피부
에 와 닿지 않을 수 있으나, 매년 여름마다 심해지는 열대야현상은 많
은 이들이 체감하고 있다. 열섬 현상이 극심한 도시의 여름밤엔 에어
컨이 없으면 잠들기 어려워 에너지 취약 계층은 밤이 무섭다는 얘기를
한다. 게다가 이젠 봄뿐 아니라 사시사철 걱정해야 하는 황사와 미세
먼지도 기후 변화로 인한 어려움이다. 이렇게 기후변화가 극심해지고
지구가 황폐화되면 영화 '매드 맥스'에서처럼 사막화가 심해져 결국 물
을 지배하는 자가 세상을 지배하고, 인류 문명의 결정체인 도시는 흔
적도 없이 사라질 날이 올지도 모른다. 이처럼 영화는 반드시 밝지만

은 않은 도시의 미래를 경고하기도 한다.

그래서 우리는 지속 가능한 도시를 만들기 위해 노력하고 있다. 자원을 재활용하는 도시, 생태계가 보전되는 도시, 다양한 종이 인간과 함께 조화롭게 살아갈 수 있는 도시를 만드는 것이 우리가 풀어야 할 과제이다. 그러한 맥락에서인지 어느 날부터 도시에서 자동차는 환영받지 못하고 있다. 자동차가 빨리 달릴 수 있도록 무조건 넓게 만들던 도로는 다시 좁아지고 자동차 속도도 제한되고 있다. 나아가 자동차 통행을 금지하는 구간을 늘리고 보행자 전용 공간을 확대하고 있다. 또한 환경을 파괴하면서 손쉽게 신도시를 개발하기보다는 기성 도시의 낡고 불편한 부분을 고쳐서 살기 좋은 터전으로 만들고 있다. 이러한 움직임을 도시계획 분야에서는 '도시재생'이라 한다.

도시재생은 물리적인 환경을 재생하지만 궁극적으로 그 속에서 생활하는 사람들이 경제적, 사회적으로 사람다운 삶과 여유를 되찾게 하는 게 목적이다. 재생 대상에는 도시를 구성하는 사람들의 생활도 포함된다. 그래서 요즘 도시에선 곳곳에 녹지를 만들어 연계하고, 낡고 버려진 건물을 보수하는 동시에 다양한 계층의 사람들이 조화롭게 모여 살 수 있도록 새로 일자리를 만들고, 사람들 간의 커뮤니티를 활성화하기 위해 노력한다. 꾸준히 노력하면 적어도 우리의 미래 도시가 미래소년 코난에서 묘사된 '인더스트리아'를 닮지는 않을 것이다.

도시는 영화처럼 복합적인 존재이다. 그 지역의 역사와 문화, 그리고 사람들의 일상생활이 만나 독자적인 모습으로 발현된다. 우리는 영화에서 파리나 뉴욕을 접하고 그 모습에 반해 낭만을 기대하며 그 도시를 여행한다. 외국인들은 그들이 미디어를 통해 본 서울의 활력 있는 모습에 반해 우리 도시를 방문한다. 그들에게 서울을 비롯한 한국의 도시는 어느 영화 속보다도 초현실적이고 이국적인 미래의 도시 공간처럼 느껴질 수 있다. 영화처럼 매력적인 도시, 어쩌면 영화보다 더욱 매력적인 도시. 그 도시는 지금 우리가 만들어가는 중이다.

참고 문헌

01 집

1. 우리나라 국민들이 생각하는 이상적인 중산층의 모습은 매달 515만 원을 벌어 341만 원을 쓰고, 35평짜리 주택을 포함해 6.6억 원 상당의 순자산을 보유한 사람으로 정의된다. 현대경제연구원, 「당신은 중산층입니까?」, 『VIP 리포트』, 14-20호(통권 571호), 2014.

2. Monique Eleb&Anne Debarre, *Architectures de la vie privée XVIIe-XIXe siècles*, Fernand Hazan, 1999.

3. Monique Eleb&Anne Debarre, 앞의 책.

4. Leonardo Benevolo, *Histoire de la ville*, Parenthèses Editions, 1995.

5. 2010년 인구주택총조사 가구·주택 부분 전수 집계 결과.

6. 김현우, "SH공사 세곡보금자리 '래미안' 브랜드 갈등 첨예", 《파이낸셜뉴스》, 2015.01.12. 이현일, "강남보금자리 자곡포레, 래미안으로 변신하는 이유는", 《한국경제》, 2014.12.25.

7. 엔리코 모레티, 『직업의 지리학』, 송철복 옮김, 김영사, 2014.

8. 우리나라 임대주택 중 영구임대주택은 40㎡ 이하의 작은 규모지만, 국민임대주택은 85㎡까지 제도적으로 공급이 가능하다. 그러나 전체 임대주택 중 85%를 차지하는 임대주택(신혼부부, 다자녀 등 우선공급 순위에 의해 공급되는 임대주택) 규모가 60㎡ 이하로 규정되어 실질적으로 우리나라 임대주택 대부분은 60㎡ 이하의 규모로 공급된다. 민경찬, 「공공임대주택 면적 및 가구원수 비교를 통한 임대주택 공급 적정성 연구」, 한양대학교 석사학위논문, 2011.

9. 프랑스 임대주택 규모 특성 출처: 프랑스 지속 가능한 개발 정부 사이트(http://www.statistiques.developpement-durable.gouv.fr)
   우리나라 4인 가족 최저 주택 면적 기준 출처: 최은희 외 3인, 「장기공공임대주택 유형 통합 방안 연구」, 『LHI 연구보고서』, 72호, 2012.

10. 2012년 서울시의 임대주택 보급률은 5.4%이다. 반면 같은 해 파리의 보급률은 17.38%이다. 파리의 경우 2000년대 후반부터 사회주택 비중이 늘어나고 있으며 특히 2010년 이후 공급량의 증가가 매우 높아져서 2010년 16.25%에서 2012년 17.38로 2년 만에 임대주택 공급 비율이 약 1%나 늘어났다.

11. 슬로시티 공동체 사이트: http://www.cittaslow.kr/kor/sub01_01_01.php

12. 2015년 Grand Paris(파리와 주변 지자체들이 모여 종합적으로 계획을 수립하고 사업을 진행하기 위해 만든 협력체) 보고서.

13. 아웃백스테이크 매장은 2012년 108개에서 2014년 11월 77개로 31개의 매장이 감소했

다. 김아름, 장세희, "'변화' 선택한 아웃백스테이크… 제2의 전성기 올까", 《한국경제》, 2015.05.06.

02 카페

1. 설문 조사 결과에 의하면 커피를 마시기 위해 카페에 가는 경우는 20% 정도이고 다른 사람을 만나거나 공부를 하거나 개인의 공간이 필요해 가는 경우가 대부분이다. 하정미, 「한국 카페의 공간 생산에 관한 연구」, 동의대학교 석사학위논문, 2012.
2. 이기훈, 「'다방' 그 근대성의 역정」, 『문학과학』, 2012년 가을호.
3. 낙원회관은 2층 규모로 당시 한 층당 47평 규모의 벽돌 건물로 지어졌고, 릴리는 자본금 1300원으로 백합원이라 불리는 일본인 이름으로 1926년 개업하였다. 아폴로는 1930년 7월 총 8평에 대해 개축이 이뤄졌고, 개축 공사 비용은 1만 4500원이라는 공사 관련 기록이 잡지 《조선과 건축》에 남아 있다. 우정권, 「1930년대 경성 카페 문화의 스토리 맵에 관한 연구」, 『한국현대문학연구』, 2010.12.
4. 손유경, 「1930년대 다방과 '문사'의 자의식」, 『한국현대문학연구』, 2002.12.
5. YBM넷 공식 블로그(http://blog.ybmsisa.com) 내 게시물 "카페의 역사, 커피의 눈물". 서울시 통계 자료에 따르면 1961년 당시 서울 인구는 2,983,324명, 2012년 서울 인구는 10,250,134명이다.
6. Pierre Favton, *Bistrots, Brasseries et Bars de Paris*, MASSIN CHARLES, 2011.
7. 프랑스의 음료 판매는 다섯 종으로 구분되는데, 그중 와인, 맥주, 샴페인 등은 2종, 럼은 4종, 위스키는 5종에 해당된다. 2013년 Préfecture de Loir-et-Cher, Bureau des élections et de la réglementation(루아르에셰르 주 선거 및 제도과) 자료.
8. 파리 일드프랑스 상공회의소(CCI Paris Île-de-France)에 의하면 2012년 파리에는 1,143개의 카페와 바가 있고 기타 주류 판매점을 더하면 450인당 1개소 기준에 거의 다다르고 있다. 이는 2010년 대비 4% 정도 높아진 수치이다.
    2012년 자료 출처: 파리 일드프랑스 사이트(http://www.cci-paris-idf.fr)
    2010년 자료 출처: André Balbo, "Paris: 450 habitants par débit de boissons!", 《Le Parisien》, 2010.03.03.
9. Gérard Letailleur, *Histoire insolite des cafés parisiens*, Perrin, 2011.
10. Pierre Favton, *Bistrots, Brasseries et Bars de Paris*, MASSIN CHARLES, 2011.
11. 김용범, 『커피, 치명적인 검은 유혹』, 채륜서, 2012.
12. 아름다운 청년 전태일 재단 사이트: http://www.chuntaeil.org
13. 프랑스 정부 공공 행정 사이트: https://www.service-public.fr

14. 2003년 Chartes des terrsses de cafés et de restaurants, Direction des emplacements publics, Marseille(마르세유 시 공공용지 점용부의 카페와 레스토랑의 테라스 헌장).

15. 젠트리피케이션은 노동자 계급이 주로 거주하는 주거지에 중산층이나 고소득 계층이 이주해오면서 거주 계층이 변화하고 주거 환경이 개선되는 현상을 지칭하기 위해 1964년 영국 사회학자 루스 글라스(Ruth Glass)가 사용한 용어이다. 이 현상의 초기에는 낙후 지역에 대한 투자가 증가하면서 상업 시설과 문화시설이 늘어나고 쾌적한 거주 환경이 형성되어 지역 주민의 생활환경이 향상된다는 긍정적인 효과가 부각되었다. 그러나 결국 지가와 임대료가 상승하여 이를 감당하지 못하는 원주민이 축출되는 현상이 벌어지면서 최근에는 부정적인 측면이 강조되고 있다. 사회적, 경제적 영향하에 도시 공간이 재구조화되는 젠트리피케이션은 관점과 대상에 따라 다양하게 해석될 수 있다. 한국에서는 주거지가 상업화되거나 문화, 소비 공간 위주로 변화되는 특징을 지닌다. 박수민, 남진, 「젠트리피케이션의 부작용 방지를 위한 지역공동체 역할에 관한 연구」, 《서울도시연구》, 제17권 1호, 2016.

16. 김창성, "내적·질적 성장이 먼저다", 《Money Week》, 444호, 2016.07.19., 28~29쪽.

03 서점

1. 루아르 지방은 슈농소성, 샹보르성 등 프랑스의 대표적인 성이 약 50여 개 모여 있는 지역으로 연평균 약 85만 명의 관광객이 다녀간다.
   루아르 지역 연간 관광객 수 출처: http://www.economie-touraine.com/tourisme_indre_et_loire/sites_de_visite_monuments.aspx

2. 한국출판마케팅 연구소 블로그 재인용, 한국출판문화산업진흥원, 『KPIPA 출판 산업 동향』, 2014

3. 2013년 우리나라 서점 수는 2,331개이고, 그중 문구류 등을 판매하지 않는 순수 서점은 1,652개이다. 전체 서점 중 20평 미만의 서점은 787개이고, 20~50평 미만 서점은 887개로 전체 서점의 71.8%에 해당한다. 한편 100~500평 미만의 서점은 전국 284개로 12.2%이다. 한국서점조합연합회 보도자료 재인용, 한국서점조합연합회, 『한국서점편람』, 2014.

4. 이초희, "타임스퀘어 2주년, 서울 쇼핑상권 지도 바꿨다", 《아시아경제》, 2011.09.15.

5. 2011년 우리나라의 20평 미만 서점 수는 958개, 20~50평 미만 서점 수는 954개이고, 2013년 20평 미만 서점 수는 787개, 20~50평 미만 서점 수는 887개다. 한국서점조합연합회 보도자료 재인용, 한국서점조합연합회, 『한국서점편람』, 2014.
   교보문고 영등포점 면적 출처: http://www.timessquare.co.kr

6. 윤평호, "교보 골리앗 앞에 작아지는 향토서점", 《오마이뉴스》, 2009.04.05.

7.	파리 인구는 프랑스 통계청 2013년 자료를, 서울 인구는 한국 통계청 국가통계포털 행정구역별 2014년 1월 총인구를 참고했다.
8.	파리 서점 수(2014년 4월) 출처: APUR, 「L'évolution des commerces à Paris」, 2015. 서울 서점 수(2013년) 출처: 한국서점조합연합회 보도자료 재인용, 한국서점조합연합회, 『한국서점편람』, 2014.
9.	APUR, 「L'évolution des commerces à Paris」, 2015.
10.	좌보람, "동네슈퍼 보호 위해 대형마트 입점 규제해야", 《미디어제주》, 2009.05.13.
11.	"지자체, 대형마트 입점규제 잇따라", 중소기업청 중소기업 조사통계시스템 통계뉴스, 2010.08.13.
12.	"문체부, 지역서점 문화활동 지원사업 공모", YTN, 2012.03.12.
13.	"도서관의 서점 실험", 《문화일보》, 2015.03.19.
14.	2013년 파리 서적상 관련 수치 출처: 파리 관광청 사이트(http://presse.parisinfo.com/etudes-et-chiffres/chiffres-cles)

04 공원

1.	Dominique Jararssé, L'art des jardins parisiens, Parigramme, 2002.
2.	Dominique Jararssé, 앞의 책.
3.	이사카와 미키고, 『도시와 녹지』, 한진기획, 2004, 5쪽.
4.	강신용, 장윤환, 『한국근대 도시공원사』, 대왕사, 2004, 57쪽.
5.	자르댕 데 플랑트(Jardin des Plantes, 식물 정원)는 루이 13세에 의해 1635년 의료 식물 정원으로 조성됐다. 1640년에는 시민에게 개방되었고, 1793년에는 동물원과 자연사 박물관(Muséum d'histoire naturelle)이 개장했다. 1834년과 1836년에는 온실이 하나씩 만들어졌고, 1841년에는 광물학 및 지질학 전시관(Galerie de Minéralogie et de Géologie)이 설립되었다. 자르댕 데 플랑트 사이트: http://www.jardindesplantes.net
6.	2014년 서울시 공원현황자료에는 서울에 전체 2,364개의 공원이 있고, 전체 면적은 약 17,008ha이다. 이는 서울 시민 1인당 16.3㎡의 공원 면적을 지니고 있는 것으로 전년 수치인 11.16㎡에 비해 시민 1인당 공원 면적이 넓어졌다.
	파리 공원 관련 자료 출처: Apur, 「Situation et perspectives de la place de la nature à Paris」, 2011.
	서울 공원 자료 출처: 서울시, 『서울통계연보』, 2014.
7.	통계청, 『2014 한국의 사회지표』, 2015.
8.	원광희 외 2인, 「인구감소시대 축소도시 활성화 전략」, 『충북연』, 26호, 2010.

9.	Francoise Dubost, *Vert patrimoine*, 1995, p. 89.

10.	Francoise Dubost, 앞의 책, p. 110.

11.	Michel Racine et al., *Createur de jardins et de paysages*, Actes Sud, 2001.

12.	2013년 파리는 최고 속도를 20km/h나 30km/h로 규정하는 도로가 전체 도로 길이의 37%를 차지한다. 특히 속도를 20km/h로 제한하는 지역(zone)을 23개를 새로 지정해 자전거와 보행에 적합한 도시를 만들고 있다. Jean Baptiste Quentin, "un tiers des rues limitées à 20 ou 30 km/h dès septembre", 《Le Parisien》, 2013.06.03.

05 백화점

1.	Phillipe Verheyde, *Les Grands masins parisiens*, Balland, 2012, pp. 39~44.

2.	Phillipe Verheyde, 2012, pp. 26~28.

3.	염복규, 「민족과 욕망의 랜드마크: 박흥식과 화신 백화점」, 「도시연구: 역사·사회·문화」, 6호, 2011.

4.	함윤성 재인용, 서지영, 「소비하는 여성들: 1920~30년대 경성과 욕망의 경제학」, 「한국여성학」, 제26권 1호, 2010.03.

5.	함윤성 재인용, 서지영, 앞의 논문.

6.	염복규, 앞의 논문.

7.	한국민족문화대백과사전 재인용, 박흥식, 「화신오십년사」, 삼화출판사, 1977.

8.	이후 본문에 언급된 1970년대~2000년대까지의 백화점 설립 시기와 명칭, 위치, 개수 등은 아래 논문 내용을 기초로 했다. 박연정 외 2인, 「서울시 백화점의 전개양상에 대한 연구」, 「대한건축학회 논문집」, 제28권 4호, 2012.04.

9.	김병도, 주영혁, 「한국백화점 역사」, 서울대학교출판부, 2006.
	최진아, 「신세계백화점의 새로운 도약」, 「국제경영리뷰」, 2014.06.

10.	함윤성 재인용, 서지영, 앞의 논문.

11.	Rem Koolhass, *Mutations*, Actar, 2000.

12.	최민아, "상업시설의 변천과 도시", 《시민과 도시》, 2009.

13.	Jean-Jacques Larrochelle, "Façade tout en transparence pour les uns, 《rideau de douche》 pour les autres", 《Le Monde》, 2014.05.14.

14.	Article UG. 11 −Aspect extérieur des constructions et aménagement de leurs abords, protection des immeubles et éléments de paysage(건축과 정비 사업의 외부 경계 부분의 외관), Règlement du PLU, tome 1, p. 58.

15.	Christian de Portzamparc, "La Samaritaine se transforme", 《Le Monde》, 2014.05.14.

06 영화관

1. Leonardo Benevolo, *Histoire de la ville*, Parenthèses Editions, 1995.

2. Audrey Vautherot, "Les frères Lumière, pionniers de la photographie et du cinéma", gralon, 2011.09.21.

3. 최윤실, 남경숙, 「서울 영화관의 디자인 특성 변천 연구」, 『서울도시연구』, 제9권 4호, 2008.12., 208쪽

4. 정충실, 「1920~30년대 경성 영화관의 상영환경과 영화문화」, 『아세아연구』, 제57권 3호, 2014.09., 112쪽.

5. 정충실, 앞의 논문, 136쪽.

6. 한국콘텐츠진흥원의 문화콘텐츠닷컴 사이트(https://www.culturecontent.com) 내 문화원형 라이브러리>주제별 문화원형>의·식·주>공연문화의 원형인 근대 극장 원소스 개발>극장의 기원과 역사

7. 최윤실, 남경숙, 앞의 논문, 203쪽.

8. 조준형, "한국 극장수(스크린수)의 변화", 한국영화 파이, 2013.08.22.

9. 김건우, "프리머스 내년 1월 문닫는다... 1세대 멀티플렉스 종영", 《머니투데이》, 2015.10.01.

10. "But what happens instead, is that when the glass is full, it magically gets bigger nothing ever comes out for the poor (···) Once more, we need to reject a magical conception of the market, which would suggest that problems can be solved simply by an increase in the profits of companies or individuals."
"The 'trickle-down' theory the Pope frowns upon", 《Vatican Insider》, 2015.07.16.

11. 동아일보 기사는 당시 비디오방은 70여 곳 있으며, 신촌, 안암동 중심으로 확산되고 있음을 보도했다. 박원재, "「비디오 방」 폐쇄결정 업주들 반발", 《동아일보》, 1993.07.21.

12. 남동희, "新世代 겨냥 「데이트 산업 각광」", 《매일경제신문》, 1993.08.09.

13. 허원순, "비디오방 양성화 논란", 《경향신문》, 1994.11.15.

14. 최정훈, "비디오방 등록 의무화", 《경향신문》, 1996.06.05.

15. 최윤나, "[M+기획···영화 상영 방식②] 특별관은 정말 특별할까?", 《매일경제》, 2015.11.05.

16. 안소연, "[호텔소식] 영화보고 호텔서 휴식··· 스탠포드호텔 CGV 상암 패키지", 《아시아투데이》, 2015.03.30.

17. 노철환, 「영화관 지원제도를 중심으로 본 프랑스의 영화예술 및 영화교육 프로그램」, 『영화연구』, 제67호, 2016, 37~45쪽.

사진 출처

23쪽 ⓒ전주영
25쪽 ⓒ전주영
27쪽 01, 02 ⓒ전주영
29쪽 좌 ⓒ전주영
72쪽 ⓒ백소정
129쪽 03 ⓒ최준엽
170쪽 01, 04 ⓒ최준엽
180쪽 좌, 우 ⓒ최준엽
183쪽 04 ⓒ최준엽
189쪽 02 ⓒ최준엽
197쪽 ⓒ최준엽
242쪽 03 ⓒ최준엽
280쪽 01, 02 ⓒ최준엽

Special Thanks
매력적인 서울 사진들로 책을 빛내주신 최준엽 님,
자택 사진을 기꺼이 제공해주신 전주영 님,
핵심적인 사진들을 제공해주신 백소정 님,
초고를 읽고 수정 방향을 제시해주신 기호영 님께
깊은 감사를 드립니다.